파깨비의 철학노트

파깨비 지음

PAKEBI'S NOTE OF PHILOSOPHY

도서출판 상아기획
www.tkdsanga.com

머리말

이 책을 한 마디로 설명하자면, 철학 학부생을 위한 『전과』라고 대략 표현할 수 있을 것이다. 초등학교 시절에 보던 전과를 기억하시는지? 이 책도 철학도들을 위한 전과나 학습서로서 만들어진 것이다. 즉, 관련된 여하한 내용들을 대략 추려서 다 모아 놓은 책이다.

그럼 이 책은 어떤 사람들을 위한 전과일까? 여러분이 대학 강의실에서 전공으로든 필수로든 철학 관련 강의들을 들었다면, 학기가 끝나고 성적을 받고 나자, 강의실에서 들었던 그 난해하고 복잡한 내용들이 방학 기간에 거의 모두 사라지고 없음을 경험했을 것이다. 그래서 몇 달 후, 혹은 몇 년 후에 그 내용들을 상기하려고 하면 철학자들의 가장 유명한 말 몇 마디 밖에 기억에 남지 않을 것이다. 철학의 핵심은 그런 명언이 아님에도 불구하고 말이다.
이 책은 바로 그런 사람들에게 도움이 될 거라고 본다. 이 책은 철학

PROLOGUE

노트를 정리해서 구성되었으므로 적어도 아는 내용은 한 눈에 들어올 것이다. 달리 말하면 상세히 읽는 수고를 덜어 줄 것이다. 그렇다고 세세한 내용을 버리는 것도 아니다. 오히려 전공자들도 참고하거나 알아야 할 깊은 내용들을 포함한다. 다만 초보자들을 위한 친절한 설명만을 희생시킬 뿐이다. 그러므로 이 책은 철학 강의들을 이미 들은 대학생들을 위한 전과이다. 이런 책이 학자들의 논문 한 편을 찾으려 도서관을 헤매는 낭만과, 논문이나 학술 서적을 정독했을 때의 깊은 맛 없이 철학을 공부하도록 만드는 폐단도 있을 수 있겠지만, 글쎄… 하나를 얻기 위해선 하나를 잃지 않을 수 없지 않을까 싶다. 다만 나는 내가 철학 공부하면서 해야 했던 그 불필요한 시간 낭비를, 이 책을 읽는 사람들이 줄일 수 있기를 바랄 뿐이다.

2005년 4월　관악에서 파깨비 씀

차 례

··· PAKEBI'S NOTE OF PHILOSOPHY

0 일러두기와 개략　　　　　　　　　　　9
이 책을 이용하는 방법　　　　　　　　　　10
너무너무나 간략한 서양철학사　　　　　　　12

1 소크라테스 이전 철학　　　　　　　22
고대 희랍 철학사 도표　　　　　　　　　　24
서양 고대 철학의 흐름　　　　　　　　　　25
밀레토스 학파(이오니아 학파)　　　　　　　28
피타고라스 학파　　　　　　　　　　　　　38
헤라클레이토스　　　　　　　　　　　　　42
엘레아 학파의 철학과 원자론자　　　　　　46

2 소크라테스 이후 고대 철학　　　　54
소크라테스, 플라톤, 아리스토텔레스 정리　56
플라톤 철학의 이해　　　　　　　　　　　64
플라톤 철학 요약　　　　　　　　　　　　79
아리스토텔레스 철학의 이해　　　　　　　83
아리스토텔레스의 논리학과 형이상학　　　90
아리스토텔레스의 덕 윤리: 니코마코스 윤리학　95
에피쿠로스 학파의 윤리설　　　　　　　　99

3 중세 철학　　　　　　　　　　　　102
플로티누스의 유출설　　　　　　　　　　104
아우구스티누스 철학 요약　　　　　　　　107
보편 논쟁　　　　　　　　　　　　　　　110

CONTENTS

4 근세 철학 — 114

근세의 인식론 : 지각과 지식   116
데카르트 철학 정리   123
데카르트 철학의 역사적 의미   130
스피노자의 철학   132
라이프니쯔의 철학   137
로크의 철학   143
버클리의 철학 요약   149
흄 철학의 이해   153
칸트 철학 요약   163
칸트의 현상 존재론   169
헤겔 철학의 이해   173

5 현대 철학 — 182

현대의 철학 사조   184
훗설의 현상학 요약   197
해석학   213
퍼스의 철학 소개   222
프레게의 철학 소개   229
무어의 철학   241
러셀의 철학   246
비트겐슈타인   255
논리실증주의의 철학과 그 역사   263
콰인의 철학 요약   270
퍼트남 철학의 이해   282
로티의 철학 소개   290

・・・PAKEBI'S NOTE OF PHILOSOPHY

00. 일러두기와 개략

이 책을 이용하는 방법
너무너무나 간략한 서양철학사

••• 일러두기와 개략

이 책을 이용하는 방법

철학책을 읽어 보았는가? 영원히 끝나지 않을 것만 같은, 지루하고 긴 글을 한자씩 음미하면서 읽지 않으면 철학을 공부할 수 없다. 여기에 철학을 공부하는 많은 사람들이 느끼는 벽이 있다고 생각한다. 나는 그렇게 경험했다.

   그러므로, 한 눈에 슬쩍 봐서도 대략적으로 어떤 내용이 있는지를 알 수 있도록 철학 내용이 제시된다면 철학을 공부하는 사람들에게 여러 면에서 편리할 수 있다. 아는 내용을 다시 상기할 때에도 편리하고 잘 모르는 내용 중에서 자기가 관심이 있는 부분을 찾아낼 때에도 편리하다. 이 책은 그런 목적에 이용될 수 있도록 만들어진 것이다.

   그럼 이 책의 내용들의 출처는 어디인가? 이 책의 내용들의 출처는 다음과 같다.

   1) 내가 철학 공부를 하면서 강의를 듣거나 책을 읽고 정리한 것.

   2) 다른 선후배들이 철학 공부하면서 정리한 것들 중에서 철학과 안에서 돌아다니는 것을 내가 선별하고 다듬은 것.

(경고) 그러므로 여러분이 철학을 전공하는 사람이고 깊이 있고 정확한 철학적 내용에 대해서 관심을 가지고 있다면 이 책은 오히려 방해가 될 수도 있다. 그 반대의 경우에만 도움이 될 수 있을 것이다. 즉 여러분이 너무나 자세한 설명과 정확한 근거를 들이대는 지루한 철학책의 내용에 흥미를 못느꼈다면, 이제 단순하게 한 눈에 알아보도록 정리한 도식들이 가파른 오르막을 오를 때 필요한 계단이 되어줄 것이다.

    내가 경험한 바에 따르면, 철학을 공부하는 데 있어서 오는 많은 어려움 중에서 초보자에게 중요한 어려움은, 바로 모든 철학적 내용들, 설명과 용어들이 낯설다는 사실이다. 이 문제를 해결하는 가장 중요한 방법은 그런 내용들을 자꾸 보고 들어서 친숙해지는 것이다. 즉 '외우는' 것이다. 그러고 나면 어렵던 철학의 많은 부분이 훨씬 더 이해할만할 수 있다. 이 책은 그렇게 낯선 내용들에게 친숙하기 쉽도록 하나의 방법을 제시한다.

    이제 이 책이 도움이 된다면, 여러분은 철학 공부를 잡지를 보듯이 좀더 가볍게 시작할 수 있을 것이다. 하지만 그 끝에서는 여러분이 직접 유명한 교수님들의 강의를 듣거나 사상가들의 저서를 직접 읽어보는 단계가 있게 될 것이라는 것은 예상하기 바란다. 지금 당장은 그것이 힘든 일로 보일지 모르지만 나중에는 쉽고 즐거운 일이 될거라고 믿는다.

••• 일러두기와 개략

너무너무나 간략한 서양철학사

철학을 처음 공부하는 사람들에게 철학자들의 생각의 세계는 험준한 태산준령과 같다. 이러한 큰 태산준령을 여행하기 위해서 먼저 알면 도움이 되는 것은 굵직굵직한 산맥들이다. 이러한 산맥을 알고 우리가 어디쯤 가고 있는지를 안다면, 잠깐씩 길을 잃어도 보다 쉽게 다시 길을 찾아나가기 쉬울 것이다. 큰 산맥을 아는 것, 이것이 서양 철학사를 간략하게 가늠함으로써 우리가 얻는 것이다. 나는 서양철학사를 시대 순으로 크게 5부분으로 나눌 것이다. 그것은 다음과 같다.

1. 소크라테스 이전
2. 고대 철학의 완성
3. 중세의 암흑기
4. 근세 철학
5. 현대철학

여러분은 다른 책 속에서 철학사의 시대 구분을 달리 해 놓은 것을 보게 될 것이다. 그렇다고 내가 틀렸다고 투덜거려서는 안된다. 왜냐하면 태백산맥 속에서 어디부터 어디까지가 태백산이고 어디서부터가 다른 산인지는 보기 나름이기 때문이다. 중요한 가장 높은 봉우리들이 큰 산으로 분류될 수만 있으면 된다. 그 봉우리들은 곧 유명한 철학자들이 사상이다. 각 명산들을 하나하나 들여다보면 어느 새 그 산의 절경에 취하다가 전체 산맥의 어디쯤에 있는지는 잊기 쉬울 것이다. 그래서 전체적으로 전체 산맥을 먼저 알면 도움이 된다. 이제 서양철학사의 전체 산맥을 대략적으로 짚어 보자.

제일 처음 : 탈레스부터 시작되는 소크라테스 이전 철학

이 시기에는 탈레스, 피타고라스, 헤라클레이토스, 파르메니데스, 데모크리토스 등의 철학자들이 속한다. (처음 들어보는 이름들이 많을 것이다. 하지만 철학자들의 이름에 신경 쓸 필요는 없다. 읽다 보면 알아야 하는 철학자의 이름들은 저절로 외우게 될 것이다.)

이 시기의 철학에서 중요한 것은, 이 철학자들이 서양철학의 특징이 되는 방식으로 제일 처음 생각했다는 것이다. 그것은 중요한 문제에 대해서 의문을 제기하고 추리하고 이에 대해서 비판적으로, 그리고 반성적으로 생각하는 것이다. 이들은 우리가 살고 있는 세상(지구뿐만 아니라 존재하는 모든 것, 즉 우주를 말한다.)이 어떻게 생겼으며 그것의 본성은 어떤 것일까 하는 의문을 제기하고 이에 대해서 답하려고 노력했다. 여기서 중요한 것은 이 사람들이 세상이 어떻게 생겼다고 생각했느냐 하는 것이 아니다. 다시 말하면, 물음에 대한 답이 중요한 것이 아니다.(이건 앞으로도 많이 강조될 것이다.) 어떤 것에 대해서 생각했으며[주제 선택] 그 답을 구하기 위해서 어떤 방식으로 생각했느냐 하는 것[사유 방식]이 중요하다. 비유하자면 어떤 고기를 잡았는가 하는 것이 중요한 것이 아니라 어떤 방법(낚시를 했는지 그물을 썼는지 등)으로 고기를 잡았는가가 중요하다는 말이다.

그 답만을 놓고 본다면 지금 우리가 봤을 때 어린애 생각처럼 보일지도 모른다. 하지만 (잠시 후에 보겠지만) 그들이 생각한 주제와 생각의 방식은 그 당시로서는 매우 선구자적인 것이었다. 그것은 인간의 역사 안에서 최초로 학문적인 생각을 한 것이다.

(여기서 '학문적인 생각' 이란 철학과 과학을 포괄한 학문을 말한다. 뒤집어 말하자면, 그 이전에는 사람들의 생각이 별로 학문적이지 않았다는 말이다.)

고대 철학의 완성: 소크라테스부터 아리스토텔레스까지

이 시기에는 새로운 철학적 주제들이 등장한다. 소크라테스 이전까지 철학자들은 세상에 대해서 생각했다. 그러나 소크라테스 시기부터 철학자들은 인간에 대해서 더 초점을 맞추었다. 그러면서 본격적으로 생각 자체에 대해서 생각하기 시작했다. 그리고 그 선구자가 바로 소크라테스이다.

소크라테스가 했던 일은 상대방과 학문적인 이야기를 하면서 상대가 진정으로 말하고자 하는 바가 무엇인가를 요모조모 따져 물었고 그 속에서 문제점을 캐내어서 분석하는 것이었다. 이것은 왜 중요하냐면, 그 때까지 사람들은 갖가지 말장난에 가까운 방식으로 자신들의 주장을 내세웠고, 그래서 누가 옳고 누가 그른지 알 수 없는 경우가 많았기 때문이다. 특히 인간과 사회에 대한 것들, 도덕이나 윤리에 대한 것들에 대해서 그런 논쟁거리가 많았다. 소크라테스는 이런 문제에 대해서 최초로 학문적인 논의를 한 사람인 셈이다.

소크라테스의 뒤를 이어서 플라톤이란 사람이 나타났다. 플라톤은 소크라테스의 생각을 이어받았을 뿐만 아니라 여기에 두 가지 업적을 보탰다. 하나는 서양철학사의 모든 문제들에 대해서 포괄적으로 체계적인 생각을 하였다는 것이고 다른 하나는 거기에 대해서 독특한 대답을 제시했다는 것이다. 플라톤 이전에, 어떤 철학자들은 우주에 대해서만 생각했고 어떤 사람들은 인간의 문제에 대해서만 생각했다. 그리고 이런 문제들은 서로 연관되지 못했다. 플라톤은 이 모든 문제들을 서로 연관지어서 생각하면서 체계화했던 것이다. 그렇게 되면 철학적 문제거리들도 서로 연결되는데, 이에 대해서 플라톤은 이데아론이라는 해답을 제시했다.

플라톤이 소크라테스의 제자였듯이 아리스토텔레스는 플라톤의 제자였다. 아리스토텔레스는 플라톤과는 다른 새로운 방식으로 서양 철학, 아니 서양 학문의 거의 모든 중요한 문제들에 대해서 나름대로의 체계화된 생각을 제시했다. 플라톤은 이데아론이라는, 다소 추상적인 해답을 제시한 반면에 아리스토텔레스는 매우 경험적인 근거에 밀착해서 자신의 철학 체계를 구성했다.

플라톤과 아리스토텔레스의 사상은 (나중에 자세히 보겠지만) 서양문화권에서, 어떤 주제에 대해서 생각할 수 있는 사유방식 중 가장 설득력 있으면서도 전형적인 두 사고방식들을 대변해서 보여준다. 마치 대중 가수들을 가창력을 중심으로 하는 부류와 춤을 함께 추는 댄스가수들의 부류로 나누어서 이해할 수 있듯이 말이다.

이렇게 세 철학자들에 의해서 서양 고대철학이 완성되었다. 이 책에서는 이 세 철학자들의 사상을 조금 상세히 설명할 것이다.

중세의 암흑기

플라톤과 아리스토텔레스 철학을 중심으로 한 고대 철학의 유산이 중세 철학의 주된 재료가 되었다. 하지만 중세 철학의 주된 주제는 신과 종교에 대한 것이었다. 즉 기독교 신앙을 철학적으로 합리화하고 설명하는 것이 중세 철학의 내용이다. 신이 존재한다는 것을 증명하는 것과 같은 기독교 신앙의 내용에 대해서 생각하는 것이 서양 중세 철학의 목적이었기 때문에 이 시대에는 "철학이 신학의 시녀였다"라고 말한다. 더군다나 이것이 모든 경우에 강요되었기 때문에 사람들은 다른 생각을 할 수 없었고 그래서 철학적인 발전이란 거의 없다시피 했다. 기독교적인 교리에서 조금이라도 벗어나면 '이단' 이란 이유로 처벌을 받았다. 그래서 이 시대를 '암흑기' 라고 부른다. 이 시대의 철학은 종교적인 색채가 너무 짙고 그와 별도로 논의할 수 있는 철학적 내용들은 다른 것들에 비해서 훨씬 덜 중요하기 때문에 철학사를 최대한 간단하게 설명하려는 이 책에서는 중세 철학에 대해서 거의 언급을 하지 않을 것이다.

근세 철학: 데카르트부터 헤겔까지

중세의 암흑기가 끝나고 서양에서 "르네상스"라는 문예부흥이 시작되면서 철학 역시 새롭게 발전한다. 근세철학의 특징은 고대의 존재론에서 벗어나서 인식론적 문제를 중요한 논쟁거리로 삼았다는 것이다. 그 시작점이 데카르트이다.

각 철학자들의 사상에서 핵심적인 것만 하나씩 얘기를 해 보자. 데카르트는 중세를 지배하던 기독교의 권위가 무너지고 남은 자리에서 사람들이 지적인 판단의 기준을 어디에 두어야 할지 몰라서 고민할 때 그 기준을 찾을 수 있는 가능성을 제시했다. 그것은 곧 인간의 의식의 명증성이다.(어려운 말 나왔다. 이건 그냥 스스로 분명하게 보인다는 뜻이다.) 즉 자기가 느끼는 의식적인 생각은 누구에게나 분명하게 드러난다는 것이다. 더 쉽게 말하면, 누구나 자기 자신의 생각은 알고 있다는 것이다.

데카르트 이후 철학은 '우리가 어떻게 진리를 알 수 있는가?'라는 물음에 매달리면서 인식론적으로 발전했다. 그 발전의 양상은 경험론과 합리론의 논쟁이다. 그러면 경험론과 합리론의 논쟁은 왜 시작되는가? 데카르트가 각자의 의식의 명증성을 탐구의 출발점으로 정했는데, 그 다음에 우리가 여기에서 출발해서 만물에 대한 지식을 어떻게 얻을 수 있는가 하는 것이 문제거리였기 때문이다. 이성적으로 생각함으로써 중요한 지식을 얻을 수 있다는 주장이 합리론자의 주장이고 경험을 통해서만 지식을 얻을 수 있다는 것이 경험론자의 주장이었다. 합리론 철학자로는 데카르트, 스피노자, 라이프니쯔가 유명하고 경험론 철학자로는 로크와 버클리, 흄이 유명하다.

이 논쟁에 종지부를 찍으려고 했던 사람이 칸트이다. 칸트는 두 입장의 장점들을 결합해서 주장을 폈다고 단순하게 이해할 수 있다. 정확한 것은 아니지만, 이 설명이 첫 번째 계단으로는 쓸만하다. 그래서 칸트는 우리가 어떤 것을 인식할 때에는 항상 감각 경험과 더불어서 이성의 형식이 필요하다고 주장한 것이다.

이러한 칸트 철학의 유산을 변형시켜서 관념론적으로 발전시킨 철학자가 변증법으로 유명한 헤겔이다. 칸트는 만물의 존재에는 인간의 합리적 인식의 틀이 작용한다고 주장했는데, 헤겔은 이러한 칸트의 입장을 더 강력하게 발전시켜서 인간의 의식과 만물의 변화는 일치한다고 주장했다. 그리고 인간의 의식에서 생각이 발전하는 법칙이 변증법이고 이것은 곧 세상의 변화 법칙이기도 하다고 생각했다. 그리하여 이러한 생각과 만물의 일치라는 틀 안에서 헤겔은 모든 것을 변증법으로 설명하게 되었다.

헤겔 철학과 더불어서 근세가 끝나게 되는데 그것은 시대적으로 산업혁명과 열강들의 식민지 개척, 그리고 제국주의의 발전, 1,2차 세계 대전과 같은 큰 변화 때문에 사람들의 생각도 변했기 때문일 것이다. 기독교 세력이 약화되고 문예부흥이 시작되면서 근세철학이 시작되었듯이 말이다. 시작이 있으면 끝도 있는 법이니까.

현대철학

현대 철학은 헤겔철학에 대한 비판이나 반작용에서 시작한다. 하지만 그 근본에서 근세철학과는 뭔가 다르기 때문에 근세철학이 아닌 현대철학이라고 불린다. 그것은 무엇일까? 숲 속을 거닐 때는 내가 숲에 가장 가까이 있어도 오히려 숲을 볼 수 없듯이, 현대철학에 대해서는 누구라도 오히려 자신있게 말할 수 없는 부분이 많다. 그리고 가장 중요한 부분에서 그러하다. 현대 철학은 근세철학과 근본적으로 어떤 점에서 다른가?

현재 가장 강력한 답은, 근세철학이 의식의 명증성에 기초를 둔 철학이었다면 현대철학은 언어에 대한 반성에 기초를 둔 철학이라는 것이다. 이런 입장에서 현대철학은 논리학 중심의 언어분석철학이 하나의 큰 흐름을 형성하고 있다 할 수 있다. 언어분석철학은 헤겔철학이나 그 밖의 다양한 설들에 대해서 그 말들을 하나하나 따져서 비판하는 철학이다. 왜 이런 철학을 하는가?

같은 사건에 대해서 두 사람이 서로 다른 말을 한다면 일단 각자의 주장이 서로 앞뒤가 맞는지, 애매한 설명으로 뭔가 사실을 은폐하지나 않는지 따져봄직 할 것이다. 분석철학의 전통도 이런 입장에 있다. 기존의 철학자들이 같은 것에 대해서 서로 다른 설들을 제시했기 때문에 학문적인 언어를 반성해서 누구 말이 맞는지, 또 앞으로는 어떤 것에 대해서 올바르게 말할 수 있는지를 따져 보는 것이다. 그리고 말하는 것과 생각하는 것은 겉과 속의 차이가 있을 뿐 같다고 볼 수 있다. 논리실증주자, 무어, 프레게, 러셀, 비트겐슈타인 등의 철학자들이 분석철학자들이라 할 수 있다.

또 다른 현대 철학의 흐름은 근세철학의 합리성에 대해서 비판하고 반성하는 것이다. 그래서 기존의 입장에서 합리성의 명분 아래에 구축된 모든 권위를 해체하고 그 속에 있는 권력관계를 무너뜨리려고 하는 것이 이 흐름의 특징이다. 왜 이런 철학을 하는가?

예를 들어서 아내는 무조건 남편의 말을 따라야 하고 후배는 선배가 시키는 대로 무조건 해야 하는 것이 합리적이라면, 그래서 그 때문에 학교폭력도 생기고 가정폭력도 생긴다면 어떻겠는가? 그렇다고 당장 아내와 남편, 선배와 후배의 위계질서를 거꾸로 바꾸거나 혹은 모두 남남으로 분리할 수는 없는 노릇이다. 하지만 우리는 그러한 위계질서가 합리적인 측면도 있지만 많은 측면에서 문제점도 있고 그래서 비합리적인 측면도 많다는 것을 지적이라도 해야 할 것이다. 포스트 모더니즘 철학이 하는 일들이 이런 것이라고 볼 수 있다.

그 밖에 현상학이나 실존주의와 같은 것도 현대철학에 포함된다. 현상학은 의식현상을 내면적으로 있는 그대로 반성하여 모든 지식의 기초를 세우려는 입장이고 실존주의는 뭔가 복잡하고 자신과 직접 상관이 없는 세상에 대한 어려운 이야기보다는 각자에게 당장 주어진 순간순간의 일이 가장 중요하다는 입장이다. 그리하여 현상학은 많은 학문이 발전함으로 인해서 할 일이 없어진 철학이 무엇을 해야 하는가에 대해서 말하려고 했고 실존주의는 모든 것을 어려운 말로 설명하는 헤겔철학에 대해서 비판한다고 볼 수 있다. 많은 사람들이 과거의 철학보다는 현대철학에 더 관심이 많을 것이다. 하지만 현대철학은 그것이 현대의 철학이기 때문에 만들어지고 있는 철학이고, 그래서 그것을 이해하기보다는 거기에 참여해야 하는 것일지도 모른다.

···PAKEBI'S NOTE OF PHILOSOPHY

01. 소크라테스 이전 철학

고대 희랍 철학사 도표
서양 고대 철학의 흐름
밀레토스 학파(이오니아 학파)
피타고라스학파
헤라클레이토스
엘레아 학파의 철학과 원자론자

••• 소크라테스 이전 철학

고대 희랍 철학사 도표

(이 부분은 고대 희랍 철학의 역사 전체를 간단히 표로 정리한 것이다. 뒤에서 자세한 내용을 공부한 다음에 다시 기억하면서 정리할 때 도움이 될 것이다.)

학 파	학자들	내 용	중 요 성
1. 밀레토스학파 (이오니아학파)	탈레스	만물 : 물에서 나옴	최초의 학적인 생각 추상적인 사고 생성과정 설명
	아낙시만드로스	만물 : 무규정자에서 나옴	
	아낙시메네스	만물 : 공기에서 나옴	
2. 피타고라스학파		만물 : 수로 되어 있다	알 수 있는 것, 확정적인 것에 대한 선호
3. 헤라클레이토스		만물은 끊임없이 변한다	보편적 원리인 로고스의 도입
4. 엘레아 학파	파르메니데스	변화란 없다	감각 경험으로부터 사유를 분리함
	제논	역설로 옹호	
5. 다원론자들	엠페도클레스	4원인설	앎의 대상과 경험의 조화
	아낙사고라스		
6. 원자론자	레우키포스 데모크리토스	만물은 원자들의 이합집산에 의해서 만들어진다.	자연철학의 완성
7. 소피스트와 소크라테스	소피스트	상대론자	인간의 문제로 관심을 돌림
	소크라테스	대화법, 산파술	
8. 플라톤		이데아론을 중심으로 모든 철학적 문제를 종합	고대 철학의 종합과 서양철학의 시작
9. 아리스토텔레스		경험적인 입장에서 학문의 체계를 재구성	우리의 경험적 직관에 맞는 방대한 체계를 구성

••• 소크라테스 이전 철학

서양 고대 철학의 흐름

소크라테스 이전

○ 이들이 의문을 제기하고 추리하는 비판적·반성적 사유 방식이 이후 서양철학의 특징이 되었다.

○ 이들에 대한 해석 : 아리스토텔레스를 비롯한 대부분의 철학자들은 소크라테스 이전 철학이 자연에 대한 사변을 그 내용으로 한다고 평가한다. (실험 없이 생각만으로 이루어진 과학과 유사?)

○ 우주의 본성에 대한 세속적인 물음과 과학적 물음들을 최초로 제기

– 아리스토텔레스의 평가 : 소크라테스 이전 철학자들은 자연(physis)이 어떤 형식의 토대(물, 무규정자, 공기, 원자 등과 같은 불변의 토대)를 가지고 있다고 주장한 사변적 이론가들이었다.

○ 소크라테스 이전의 철학은 통상 자연에 대한 고대의 사변과 같다고 인정함 : 철학과 과학의 분화가 안된 상태.

소크라테스

○ 주장 : 자연에 대한 사변이 무익하다. "스스로에 대한 지식"이 우선적 철학이다. 소크라테스 이전의 철학(과학=자연철학)이 더 이상 나아갈 수 없는 극점에 도달 : 데모크리토스의 원자설.

– 사변의 대상일 뿐이며 이것으로 모든 것이 설명가능.

○ 대화법과 산파술을 통해서 우리가 알고 있는 지식에 대하여 비판적으로 반성.
- 소크라테스는 상대의 주장이 진정으로 의미하는 바가 무엇인가를 요모조모 따져 물었고 그 속에서 문제점이 없는지를 비판적으로 분석하였다. 그리고는 당시의 대부분의 사람들의 주장에 문제가 있음을 보여주었다. 나중에 미움을 사서 사형 당함.

플라톤

○ 인간에 대한 생각과 자연에 대한 생각을 통합하는 하나의 종합적인 철학을 구성.
- 전 시대의 많은 사상가들로부터 영향을 받음 : 그 내용을 전부 종합, 소크라테스가 문제삼은 것들을 중심으로 내용을 붙임.
○ 플라톤 이전 : 자연현상에 대해서 주로 이야기 + 인간과 자연에 대한 단편적인 언급.
- 플라톤의 철학이 정립된 이후부터 철학 언어들이 일정한 방향으로 형성되고 각 철학적 문제들이 서로 한 덩어리로 연관되어서 논의되기 시작.
- 플라톤이 본격적인 의미의 철학을 만들었다고 할 수 있다.
○ 플라톤 철학의 내용 : 이데아론을 중심으로 인식, 도덕, 예술, 정치 등의 문제들을 모두 체계화시켜 놓음.
- 플라톤의 사상에서 중요한 특징 하나 : 세상에는 변하지 않는 진리가 있다.

○ 플라톤의 중요성 : 서양의 철학사에서 매우 중요한 인물, 아마
도 가장 중요한 인물
왜냐하면, 서양철학 전체가 대체로 플라톤이 제기한 문제를 논
하는 것이기 때문이다.

아리스토텔레스

○ 플라톤의 제자로서 플라톤이 제기한 문제들에 대해서 폭넓게
다른 방식으로 논의함.
- 플라톤 : 모든 학문을 통일적인 체계로 구성함.
- 아리스토텔레스 : 경험에 충실하게 학문들을 목적에 따라서 나
누고 상세하게 분석, 종합함.
○ 논리학과 형이상학을 발전시키고, 오늘날과 같은 학문들을 체
계화함.

••• 소크라테스 이전 철학

밀레토스 학파(이오니아 학파)

탈레스

○ 문제제기 : 탈레스는 왜 철학의 시조로 여겨지는가? 밀레토스 학파의 선두주자인 탈레스는 통상 철학의 시조로 여겨지고 있다. 이런 견해는 아리스토텔레스가 처음 제시하여 지금까지 대체로 긍정되는 것 같다. 그렇다면 그 이유는 무엇인가?

○ 탈레스의 주장 : "만물의 아르케(arche)는 물이다". 이 주장 자체가 탈레스의 철학에 있어서 중요한 것이 아니다. 여기서 "아르케"는 "원질" 정도로 번역할 수 있으며, "시작점", "원리", "지배하는 것" 등을 뜻한다.

– 탈레스의 철학에서 중요한 것 : 만물이 '물'이라고 주장한 것이 아니라 이러한 생각의 보다 저변에 있는 것, 즉 왜 이러한 생각을 했는가, 혹은 이러한 생각을 불러일으킨 문제의식은 어떤 것인가 하는 것이다.

〈단편〉

(i) 땅은 물 위에 떠있는데, 여기서 물은 (어떤 방식으로) 모든 것의 근원이다. 이 (i) 은 두 부분으로 나뉨.

  a. 만물의 근원은 물이다. (또는 만물은 물로(ex) 되어 있다.)
  b. 땅은 물 위에 떠 있다.
(ii) 명백하게 생명이 없는 사물들도 '살아있다' : 세계는 신들(신적인 것)으로 가득 차 있다.

(1) 단편 (i)의 a에 대한 주석.
아르케가 최초로 사유되었다.
아르케를 물이라 했는데, 이로 보아 탈레스의 아르케는 질료적 원질이라 할 수 있다.
아리스토텔레스의 평가: 최초로 철학하기를 시작한 사람들은 아르케를 물질적(질료적) 영역에서의 최초의 근원으로 이해했다. – 형이상학적인 태도.

○ "…로"(ex)의 뜻 (ex …로 되어 있다. …에서 생겨났다.)
  'ex'의 두가지 의미 가운데 탈레스는 첫 번째의 것으로 생각했을 것이다. 왜냐하면, 두 번째 의미에 내포된 '생성'의 개념이 탈레스에게 있었다는 것은 물리학적 추측이 될 것이다.
  아리스토텔레스: 탈레스는 최초로 우주의 질료(일종의 원인)를 설명했다. (이로 보아 첫 번째 의미로 생각했다고 평가됨.)
⇨ '물' 이라는 답변의 두가지 성격(아리스토텔레스의 탈레스 이해)

첫째, 만물의 아르케는 '하나'라는 일원론적인 성격이고

둘째, 이 '물'로부터 만물이 스스로 생성되었다는 물활론적인 성격이다.

물활론의 기본 생각 : 탈레스의 '생성' 모형은 "씨 ⇨ 열매", "달걀 ⇨ 닭"의 모델에 근거하고 있다고 할 수 있다. (즉 아리스토텔레스적인 의미에서의 "原因"에 대한 물음이 없이, 탈레스에 있어서는 만물이란 물로부터 '자연적으로' 생성되어 나온 것이 된다.)

(i) 의 a에 전제된 두 가지 사고방식

① 일원론적 경향 : 아르케를 물 하나로 여긴 사실은, 현상을 설명함에 있어서 통일성을 부여하려는 경향을 보여준다.

② 이분법적 사고방식 : 철학적 · 철학사적으로 가장 중요함. 즉,

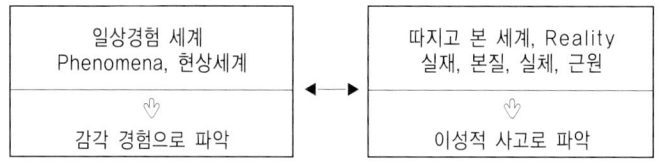

○ 형이상학적인 태도의 시작

- 이른바 '현상'과 '본질'을 나누어 보는 사고가 시작된 것. '감각'과 '이성'을 대비시키는 전통으로 발전.

(2) 단편 (i)의 b에 대한 주석

- 단편 (i)의 전 문장에서 보이듯이, 탈레스는 b가 a의 근거가 된다고 생각했다.

아리스토텔레스 : b는 생물이 물기를 가진다는 관찰에서 유래했다. 만일 그렇다면 b는 생물세계의 범주를 사물세계에 적용한 것이 된다.

(3) 단편 (ii)에 대한 주석
아리스토텔레스 : (ii)에 의하면, 물질세계가 살아있다는 말이다. 여기서 생명, 즉 살아있음은 움직임의 원리라고 이해된다.
단편 (i)의 b와 (ii)의 의의 : 최초의 철학적 사고는 항상 세계를 인간의 측면에서부터 해석했다. 즉 의인화된 개념으로 세계를 질서지웠다.

(4) 보론 : 탈레스를 학의 시조로 보는 아리스토텔레스의 견해.
호머(Homer)도 신들은 okeanos(큰 물덩어리)에서 나왔다고 말했다. 그런데 아리스토텔레스에 의하면, okeanos는 고유명사로서 초자연적인 신을 부르는 말이다. 그러므로 호머는 아직 신화적 사고에 머무르는 반면, 탈레스의 '물'은 자연세계에서 일상적으로 만나는 것이기에, 탈레스가 학의 시조가 된다.
서양철학사 전체에서 '학문적인 형식'으로 생각할 수 있는 동기를 제일 처음 부여. (그러나 초기의 사유에서는 자연적-초자연적 구분이 명확하지 않았다. 그러므로 신화와 학문의 경계를 아리스토텔레스처럼 결정하는 데는 난점이 따른다.)

아낙시만드로스

〈단편〉

(i) 만물의 아르케는 아페이론(apeiron)이다.

(ii) 천체와 세계는 아페이론으로부터 나오고, 세계가 망하면 다시 아페이론으로 돌아간다.

(iii) '필연성에 따라"(according to necessity) 세계는 소멸하고 다시 살아난다. 그것들(만물)이 부정의(injustice)의 대가로 죄를 받고, 다시 분배되기 때문이다.

(1) 단편의 물음들.

○ 단편 (i) – 만물은 무엇으로 되어 있는가?

○ 단편 (ii) – 만물은 무엇으로부터 나왔는가?

○ 단편 (iii) – 만물은 어떻게 나왔는가?

⇨ 탈레스보다 'ex'의 의미를 통일적으로 파악하고 있었다.

(2) 단편(i)에 대한 주석

○ 아페이론에 대한 직역 : '금이 없다', '경계가 없다'.
  아리스토텔레스의 해석 : 무한자(the infinite) ⇨ 시공간적 무한성

○ Kirk & Raven의 해석 : 무규정자(the indefinite) ⇨ 특정 성격이 없음.

⇨ 이 두 해석이 모두 가능하다.

왜 아르케를 아페이론이라 생각했는가?
① 희랍인들은 우주가 무한하다고 생각했다. (이는 호머적 세계관의 붕괴를 말해준다.) 그러므로, 우주의 질료적 원인도 무한해야 한다고 생각했다. (왜냐하면 결과가 원인보다 클 수 없으므로.)
② 만일 아르케를 특수한 자연물 중 하나로 본다면, 아르케에 상반된 성격을 가지는 것에 대한 설명을 할 수 없게 된다.

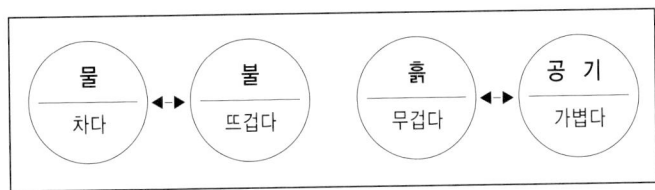

그러므로 아르케는 이러한 상반성을 넘어서 있는 것, 즉 자연물은 아닐 것이다. 아페이론이다.

- (i)의 사고 구조 - 이런 생각은 탈레스보다는 더 추상적·보편적 존재의 원리를 파악한 것이라 할 수 있다. 이는 희랍적 사유의 한 특징을 반영하고 있다. : 현상들 사이의 대립을 유지하면서 잘 조화시켜나가는 것.(호머적 특징.) 즉 조화란 대립함을 넘어서는 것인데, 따라서 현상의 대립을 넘어선 아페이론이 궁극적 원리로 제시되었다.

(3) 단편 (ii)와 (iii)에 대한 주석
- (ii)와 (iii)은 아페이론에서 현상이 나오는 발전과정을 설명한 것

임. 따라서 방점은 "필연성에 따라"에 찍혀야 한다.
- 필연성의 근거 : 현상들이 서로 범한 '부정의'에 대해 보상해야 하므로. (부정의 - 대립되는 것들의 계속적인 상호잠식) dike를 깨뜨림, 자기 몫을 정도를 넘어섬, 가장 큰 죄. '부정의'는 원래 사회현상에 적용되는 것인데, 여기서는 자연현상에 또 확장적용됨.
- (ii)와 (iii)에서 형성된 문제 : 근원적인 제일자에게 있어서 모든 대립이 해소된다고 보고, 모든 다자(多者)를 이 제일자에서 이끌어내는 문제.

(4) 우주론
- 지구는 우주의 중심에 위치했다고 생각함. 그러나 '무한한 우주'에 '중심'이 있다는 생각은 가능하지 않다.
- 어쨌든 우주의 중심에 위치해서, 지구 주변에 있는 천체들에서 미치는 힘이 동일하기 때문에, 지구는 아래로 떨어지지 않는다. 이런 설명은 탈레스적 무한소급에 빠지지 않는 길을 제공했다. (탈레스적 무한소급: "땅은 물 위에 떠 있다". 그러면 물 밑에는 무엇이 있는가? 그리고 그 밑에는 또 무엇이 있는가?)

(5) 탈레스 철학보다 발전된 부분
1) 아르케를 개별적인 대상과 더욱 분명히 구별하는 보편성을 찾으려 했다.

2) 아르케로부터 세계가 생성되는 과정을 설명하려고 했다.

무규정자 : 만물이 그것에서 말미암아 그것에로 돌아가는 것 – 만물의 원질로서의 그 성격을 분명히 드러냄.

아낙시메네스

아낙시만드로스가 남긴 과제 : 무규정자로부터의 개별적인 사물들의 생성과정

– 다시 말해, 뜨거움과 차가움이라는 규정된 대립자가 어떻게 무규정자로부터 분리되는가? 만일 규정자가 무규정자 안에 들어 있기 때문에 분리될 수 있다면, 어떻게 무규정적인 것이 규정된 것을 부분으로서 가지고 있는지, 또 만일 다른 것의 작용에 의한 것이라면 그 다른 것은 또 무엇인지, 또 만일 무규정자 자체의 힘에 따른 것이라면 그 변화의 필연성은 무엇인지 등에 대해서 아마도 아낙시만드로스는 설명할 수 없었을 것이다. 아낙시메네스가 다시 자연물에 눈을 돌린 이유.

〈단편〉

(i) 만물의 아르케는 공기(aer)이다.

(ii) 공기의 희박화·농축화에 따라 사물이 나왔다.(come to be)

(1) (i)에 대한 주석

– 아낙시만드로스에서 이루어진 추상적 사유가 퇴보했다.

그러나 '아르케가 공기이다' 라는 생각은 단순한 퇴보가 아니다. 아낙시만드로스의 아페이론보다 '공기' 가 생성과정을 설명하기가 더 쉬워서 아르케를 '공기' 로 여긴 것일 것이다.

[이런 생각을 뒷받침해주는 관찰]
  사람들이 입을 크게 벌리고(희박화) 숨을 내쉬면 더운 입김이 나온다.
  사람들이 입을 작게 오무리고(농축화) 숨을 내쉬면 찬입김이 나온다.
  공기희박 : 불이 생성됨, 공기 농축 : 물, 흙이 생성됨

(2) 단편 (ii)에 대한 주석
- 생성과정(come to be)을 철학사에서 최초로 설명.
즉 아르케에서 현상으로의 생성과정에 대한 설명이 최초로 이루어짐. "아르케에서 현상이 어떻게 나오게 되었느냐?"는 물음을 던지고 이에 대한 답을 함. : 이 점이 바로 아낙시메네스의 철학사적 의의이다. (그러므로 단순한 퇴보는 아니다.)

밀레토스 학파의 특징들

① 질료의 문제 : …으로 되어 있느냐 (주된 물음)
  생성의 문제 : 어떻게 생성되었느냐 (아낙시메네스의 경우)
② 일원론적 경향 : 학적 설명의 이념이 되었다. 즉 단순한 것으로

복잡한 것을 설명하는 것이 '설명'이라 여겨지게 되었다.
(그러나 밀레토스 학파는 이 단순한 것을 극단으로 몰아서 단 하나의 원리만을 추구했다. : 일원론적 강박관념?)
③ 물활론적 사고를 했다. 또는 인간학적 사유를 했다. 즉 인간에 적용되는 범주들을 사물세계에도 적용시켰다.
④ 세계의 무한성을 주장했다. (그러나 이해는 되지 않았을 것이다.)

••• 소크라테스 이전 철학

피타고라스학파

피타고라스 학파의 기본 물음

- 피타고라스 학파는 Orpheus교(고대 종교)를 신봉하는 밀교 집단이다.

⇨ Orpheus교 : 육체가 휩싸이는 격정(passion)으로부터 영혼을 정화하기 위해 음악과 학문(특히 수학)을 연구.

⇨ 이 과정에서 음악에서의 화음이 가지는 수적 비율을 발견 (특정 화음은 악기에 관계없이 동일한 수적 비율을 가진다.)

⇨ 이 수적 비율의 발견은 피타고라스 학파로 하여금 밀레토스 (Miletos)학파와는 다른 물음을 던지게 하였다.

  ; "만물의 생김새는 어떠한가?"

"만물은 어떻게 생겼는가?"(come to be가 아닌, 모양 생김새를 말함.)

단편과 그 해석들

〈단편〉 "아르케는 수(arithmos)이다."

〈해석〉

① 세계는 수이다. ⇨ 논리적 비약이 있는 해석이다.

② 세계는 수를 모방하고 있다. ⇨ 아리스토텔레스의 해석. 그러나 이에는 역시 비약이 있다.
③ 수의 기본 성격과 사물의 기본 성격은 같다.
⇨ 이것이 아마 피타고라스 학파의 참 뜻일 것이다.

수(arithmos)의 개념

① B.C 6 세기의 사람들은 추상적인 수와 구체적인 개수를 구분하지 못했을 것이다. 그러므로 "수=사물의 성질"로 이해되었을 것이다.
② 수를 공간상의 점으로 표상

    점은 공간상의 크기와 위치를 가짐.

    점 –(결합) ⇨ 선 –(결합) ⇨ 평면 –(결합) ⇨ 입체

    이런 식으로 사물의 구조를 인식했을 것이다. 즉 피타고라스 학파는 수와 기하학적 도형을 동일시했을 것이다.

    즉, "만물의 아르케는 수이다"라고 말할 수 있었다.
③ 수에는 peras(한정자)와 apeiron(무한정자)의 두 측면이 다 있다.

    (또는 peras와 apeiron은 arithmos의 성질이다.)
⇨ 수가 이 두 성격을 모두 가지는 이유.

짝수 = obliong(장방형)	홀수 = square(정방형)
(일정치 못한 비율)	(일정한 비율)
수의 apeiron으로서의 성격	수의 peras로서의 성격

수의 이런 성격이 사물의 수적 성격을 드러낸다.

사물의 수적 성격

- 음악의 화음에서 수적 비율을 발견했는데, 이는 하나의 내재적인 질서가 화음에 존재한다는 점을 보여준다. 즉 소리 자체의 본성 안에 하나의 수적인 조직이 존재한다는 것이다.

⇨ 이 사실은 우주의 본성에 관한 일종의 계시로서 나타났다.

○ 사물의 만듦에 관한 일반원리.
  : apeiron + peras = peprasmenon(having been bounded)
  (이것이 세계와 만물의 만듦에 관한 피타고라스적 공식이다.)
  즉, 세계 = 한정된 것 = 내재적 질서를 갖춘 것 = kosmos

⇨ 세계의 본성 안에 소적 조직이 존재한다.

> 예) 화음 : 불협화음에 peras가 가해져서 부조화(a-peiron)에서 미가 출현.
> 세계 : kosmos로서의 세계는 수적 조직을 갖춘 것.

세계관 – "세계는 아름답다"

○ 피타고라스 종교는 범신론적 특성을 가진다. (영혼의 윤회설) 즉, 세계는 신적인 것이다.
  또한 세계는 선하고 하나의 전체이다. 피타고라스는 이것이 세계가 정해진 한계를 가지는 이유라 생각했다.

> • 수의 방식 = apeiron + peras
> • 우주의 방식 = apeiron + peras ⇨ "세계는 수이다" : 우주의 원리는 수적이다.

※ 피타고라스의 생각은 희랍적 사유방식을 잘 보여준다.
: 환상적이고 모호하며 형태가 없는 것에 대립되는 것으로서의 가지적(可知的)이며 확정적이고 측정할 수 있는 것에 대한 선호
⇨ 이는 이후 peras를 중시하는 경향의 대표가 된다.

••• 소크라테스 이전 철학
헤라클레이토스

대립자들의 갈등과 끊임없는 변화

○ 만물은 유전한다 : 헤라클레이토스는 드러나는 세계의 끊임없는 변화에 주목.
- 우리는 같은 강물에 두 번 들어갈 수 없다: 강물의 물은 계속 흐르고 있기 때문
- 또 차가운 것은 반드시 뜨거워지며, 뜨거운 것은 반드시 차갑게 된다.

○ 이전의 철학자들 : 이 변화를 넘어서 있으면서 그 변화의 존재를 가능하게 해주는 것(아르케)를 찾으려고 함 ↔ 헤라클레이토스 : 변화가 없는 세계의 존재를 인정하지 않음. 즉 아르케와 같은 실체의 존재를 인정하지 않음.

변화의 설명

○ 변화 : 대립자들을 통해 생긴다.
- 큼과 작음, 뜨거움과 차가움, 건조함과 습함이 있어야 변화가 있게 된다.

세계 : 변화를 본성으로 가짐 ⇨ 대립자들로 채워져 있으며, 세계

안에서 대립자들은 항상 충돌하고 있다.

세계의 존재 원리 : 이 대립자들의 충돌과 갈등

인간의 언어 : 하나와 대립자가 항상 같이 있음을 발견.

- 하나의 주어에 대립되는 술어가 붙을 수 있으며, 그 반대의 경우도 가능

불과 로고스

○ 불 : 세계에 있어서 근원적인 것 - 대립적인 요소들을 가장 잘 드러내는 것

불은 다른 것을 태워서 자신으로 만든다. 불은 그 자신이 결핍되어 있기 때문에 그 존재를 위해 다른 것을 필요로 하며, 그 자신이 넘치기 때문에 다른 것을 소멸시킨다. 즉, 불은 결핍이며 과다다. 그 뿐만 아니라 불은 투쟁과 긴장이다. 자신의 존재를 위해 다른 것의 존재를 소멸시키기 때문이다.

○ 헤라클레이토스의 불 : 단순한 불꽃이 아니다.

- 일종의 에너지, 따뜻함이면서 상승하는 증기 혹은 숨.
- 그것은 영원히 살아서 활동하는 것이며, 우주를 형성·변화시키며 조정하는 주재자
- 세계를 있게 하며 유지시키는 신적인 힘을 상징적으로 표현
- 헤라클레이토스는 불을 신적인 영혼과 동일시한다.

세계를 만들어내는 불의 영원한 운동은 순환적인 것이다. 상향 운동과 하향 운동을 통해서 불은 물에서 흙으로 변했다가 다시

불로 되돌아온다. 이처럼 세계는 끊임없이 꺼지고 다시 켜지는 불이다.

○ 불은 왜 영원히 움직이는가? : 불은 신적인 영혼이므로.

- 불은 사려를 가지고서 만물을 지배하는 원인이다. 즉, 그 자체에 내재하는 원리에 따라, 또는 그 자신의 생각에 따라 운동하여 만물의 생성과 소멸과 변화를 영원히 진행시키는 것이다.

  어떤 정신의 사려에서 비롯된 원리에 따른 운동 : 질서와 규칙을 가짐.

  대립자들의 갈등은 특정한 질서에 따라서 일어나는 것이며, 대립자들끼리는 조화를 이루지 못하지만, 전체의 변화에서는 하나의 원리에 근거한 조화가 발견될 수 있다. 세계에서 발견되는 대립자들 속에 단일한 하나의 것이 발견될 수 있는 것이다.

○ 로고스(logos) : 대립자들 속의 단일한 하나의 원리.

  보편적이며 만물을 지배하는 것, 영혼을 가진 모든 사람들이 똑같이 이해할 수 있는 것

- 그것은 모든 사물들 속에 영원히 존재하지만, 그것들을 넘어서서 존재하는 초월적인 것은 아니다. 영원히 살아 있는 불. 그것은 곧 생성과 소멸을 조종하는 세계의 법칙이며 신의 법칙.

헤라클레이토스 : 로고스를 도입 - 큰 철학사적 업적.

  1) 물질적인 세계를 움직이는 원리가 사유하는 정신이 만들어낸 법칙, 또는 원리라는 전통적인 사고를 시작했다.

  2) 실재와 현상을 명백히 구분하여 그것을 인간의 인식과도 연

결시켜 설명하려고 한 최초의 철학자였다. 본성적인 것과 현상적인 것을 나누고, 우리에게 쉽게 알려지는 것과 그렇지 않은 것으로 규정함.

※ 그는 로고스를 가짐으로써 로고스를 인식하게 된다고 생각했다. 로고스를 가지지 않은 상태에서의 의견은 상대적이며 현상계에 머무르고 있는 것이다. 그러나 호흡을 통해 로고스를 받아들임으로써 지적인 사람들이 된다고 말한다.

••• 소크라테스 이전 철학

엘레아 학파의 철학과 원자론자

파르메니데스 : 엘레아 학파의 태두

이후의 철학자들이 항상 그를 의식하도록 했던 학설 제시 : 운동(또는 변화)은 불가능한 것이고 존재하는 실재는 꽉 들어찬 전체로서 하나를 이루며 부동-불변의 영원한 존재라는 것.

근거 〈1〉 : 희랍어 동사 "einai"(to be)의 의미에 주목.

> 한 사물이 "esti"라고 말하는 것 : 그것이 존재한다는 것만을 의미할 수 있고 또 그래야만 한다.
>
> "된다"(become)란 말이 도대체 참뜻을 가질 수 있는가? : "된다" 혹은 "변화한다"는 말은 "있는 것이 있지 않던 것으로 됨" 또는 "존재하던 것이 존재하지 않는 것으로 됨"을 뜻한다. 이것은 모순이다.

- 결 론 : 변화와 운동이란 "존재하던 것이 존재하지 않는 것으로 됨"을 뜻하기 때문에 실재할 수 없다.

근거 〈2〉 : 허공(빈 공간)과 같은 것은 없다.

> 빈 공간은 그 속에 아무 것도 없는 것. 그런데 아무 것도

없는 것은 '존재하지 않는 것' 이다. 그러므로 빈 공간도 존재하지 않는 것이다. 빈 공간을 가로질러 나아가는 것이 운동이라고 할 때 빈 공간은 존재하지 않으므로 운동도 존재할 수 없다.

- 결 론 : "존재하는 것은 존재하고, 존재하지 않는 것은 존재하지 않는다." 그러므로 실재하는 존재란 꽉 차있는 부동-불변의 한 덩어리임에 틀림없으며, 또한 그것은 영원하고 변화없는 정지 상태이어야 한다.

억 견

상식적인 사람들 : 보고 듣고 느끼는 것들이 실재하는 것이라고 생각 - 억견(doxa)

⇨ '진리에 이르는 길' 과 '억견에 이른 길' 구분

1) 진리에 이르는 길 : 오로지 정신(지성)에 의한 인식만이 진리로 이끈다.

2) 억견에 이르는 길 : 감각에 의한 인식은 모두 억견.

"존재하는 것은 생각될 수 있는 것이고, 생각될 수 있는 것은 존재한다."

"존재하지 않는 것은 생각될 수 없는 것이고, 생각될 수 없는 것은 존재하지 않는 것이다."

감각에 의한 인식을 불신하면서 사유와 존재의 일치를 주장.

※ 감각인식에 대한 불신 : 탈레스에 의해 준비되어 헤라클레이토스에 의해 강력히 주장됨.

제논 : 파르메니데스의 제자

여섯 가지(또는 네가지) 역설을 제시

내용 : 주로 '결합의 오류' (정지+정지+정지+ ⋯ ≠운동)에 의한 것. 운동의 존재를 인정했을 때 필연적으로 역설에 빠지게 된다는 것을 보임 ⇨ 운동은 존재할 수 없다는 스승 파르메니데스의 학설을 증명.

1) 이분 논변 :

만일 운동이 존재한다면, 움직이는 물체는 출발점에서 도착점까지 움직일 것이다. 그런데 출발점과 도착점 사이에는 중간 지점이 존재하며, 다시 그 중간 지점과 출발점 또는 도착점 사이에 중간 지점이 존재한다. ⇨ 무한히 계속 나눔.
그렇다면 움직이는 물체는 도착점에 도달하기 전에 무한한 점을 모두 통과해야 하는데, 이것은 불가능하다.

2) 아킬레스와 거북이 논변 :

거북이를 한 발 앞에서 출발시키면서 아킬레스와 거북이를 달리게 해보자. 둘을 같이 출발시키면 더 빠른 아킬레스는 결코 거북이를 따라잡을 수 없다. 왜냐하면 아킬레스는 거북이를 따라잡기 전에 거북이가 출발했던 점을 먼저 통과해야 하며, 그 점을 지나서 거북이를 따라잡기 전에는 또, 그 사이에 거북이가 움직인 그 출발점을 통과해야 한다. 그리고 이런 점은 무한히 많이 설정된다. 따라서 움직임은 존재하지 않는다.

3) 화살 논변 :

어떤 사물이든지 항상 어떤 장소 안에 존재한다. 움직임은 이 장소에서 저 장소로 옮겨가는 것이다. 그런데 하나의 장소 안에 있는 사물은 움직이는 것이 아니라 정지해 있는 것이다. 그렇다면 날아가는 화살도 날아가는 동안에 계속 어떤 장소에 있는 것이므로 그 장소에 정지해 있는 것이다. 따라서 운동이 존재한다고 할 수 없다.

4) 운동장 논변 : 형식적으로도 상당히 이상하다.

운동이 존재한다면 동일한 속도로 움직이는 물건이 동일한 시간 동안에 간 거리가 다르게 되는 결과가 발생한다. 운동장에 동일한 길이의 막대 세 개를 놓고 막대를 똑 같이 네 등분하여 선을 긋는다. 그리고 하나는 출발점에 다른 하나는 끝점에 나머지 하나는 그 가운데에 놓는다. 이 때 양 끝에 놓인 막대는 운동장 가운데에서 접하고 있다. 그리고 양 끝에 있는 막대를 동일한 속도로 서로를 향하여 움직이게 한다. 그리하여 세 막대가 가운데에서 겹쳐지는 순간, 출발점에서 움직인 막대는 가운데 막대의 절반만큼 움직인 반면, 종착점에서 움직인 막대는 출발점의 막대 전부를 움직인 것이 된다. 그러면 동일한 속도로 움직인 물체가 다른 거리를 갔다는 이상한 결론이 나온다.

엘레아 학파에 대한 반향

즉각적이고 커다란 반향 : 현상은 구제되어야 한다.

- 다원론자들 : 엠페도클레스, 아낙사고라스, 데모크리토스 등.

 1) 엠페도클레스 : 파르메니데스의 전제 중에서 실재가 하나라는 전제 부정.

 i) 세계는 근본적으로 물, 불, 공기, 흙의 네가지 요소로 되어 있다고 주장. : 현상의 다양함은 이 네가지 요소들의 비율이 다르게 결합한 결과.

- 비율이 중요 : 질적인 차이를 양적인 차이로 환원하는 사고가 시작.

  파르메니데스의 논리 수용 : 생성과 소멸을 가정할 필요 없다.

     +

 ii) 운동이 틀림없이 실재한다. : 빈 공간을 가정하지 않는 운동 모형 제시 (물고기의 운동)

 ⇨ 빈 공간이란 존재하지 않는다는 파르메니데스의 전제를 거부하기 어려움.

 iii) 운동의 원인 설명 : 사랑과 증오(=인력과 척력)

  네 가지 요소들의 혼합 분리의 동인과 물고기 운동의 동인 설명 필요.

 ⇨ 물,불,흙,공기는 스스로 움직이지 못한다(밀레토스 학파의 물활론 거부)

2) 아낙사고라스: 사물 속의 요소들의 비율이 현상의 다양함을 결정.

  "모든 것이 모든 것 속에 들어있다." : 엠페도클레스의 4원소설 부정.

  : 씨앗에서 볼 수 있는 것처럼, 모든 사물 속에는 각종의 모든 요소가 다 들어있다.

 - 비율 차이 때문에 서로 다른 것이 된다.

⇨ 양적 차이가 질적 차이를 결정한다는 생각을 그대로 이어받음.

  '정신'(지성, nous)에 대한 강조 : 엠페도클레스보다 더 나아간 점.

  운동하는 물질과는 별도로 운동의 원인이 있다 = 정신(nous)

 - 정신이야말로 세계를 지배하고 있고 혼돈으로부터 질서를 이끌어낸다.

3) 원자론자(데모크리토스) : 실재의 궁극적인 요소를 '원자'(atom)라고 생각.

  : 실재하는 것은 생성되거나 소멸되지 않는다는 파르메니데스의 생각을 받아들임.

 - 원자 : 더 이상 쪼개지지 않으면서 눈에는 보이지 않는 미세한 입자. 빈 곳이 없이 꽉 차 있으며 각각 특이한 모양과 크기와 무게를 가짐. 맛, 색, 냄새 등은 가지고 있지 않음.

  (모양과 크기만 차이)

- 왜 쪼갤 수 없는가? : 논리적으로는 쪼갤 수 있어도 실질적으로는 쪼갤 수 없는 입자가 원자이다.

  (논리의 세계와 물리의 세계를 구분)
- 빈 공간이 있다. : 원자들이 돌아다닐 공간이 필요 – 파르메니데스의 전제 중에서 빈 공간이 없다는 전제를 부정.

  원자론자에게 존재하는 것 : '원자들'과 '빈 공간' 두 개.
- 원자들의 운동 원인 : 원자들이 본래부터 움직였고 무질서하게 움직인다.

  별도의 운동 원인 가정하지 않음.

○ 파르메니데스 이후의 철학자들 : 파르메니데스가 제기한 운동과 변화의 문제, 사고와 존재, 논리와 존재의 문제를 나름대로 해결하려고 노력하였다.

다원론자들은 파르메니데스의 전제들 중 일부를 수용하면서 '현상을 구제'하는 설명을 시도하였다.

※ 이들 자연철학자들에 대한 저항 : "상식의 저항"
- 자연철학자들의 세계묘사가 사람들에게 위안과 신뢰를 주지 못함.

⇨ physis의 시대에서 nomos의 시대로

PAKEBI'S PHILOSOPHY NOTE

···PAKEBI'S NOTE OF PHILOSOPHY

02. 소크라테스 이후 고대 철학

소크라테스, 플라톤, 아리스토텔레스 정리
플라톤 철학의 이해
플라톤 철학 요약
아리스토텔레스의 논리학과 형이상학
아리스토텔레스의 덕 윤리 : 니코마코스 윤리학
에피쿠로스 학파의 윤리설

••• 소크라테스 이후 고대 철학

소크라테스, 플라톤, 아리스토텔레스 정리

소크라테스

"arete는 지식이다."

즉, arete는 '~에 대한 유능함' 이다. 그래서 ~에 대한, ~의 목적에 대한 지식이 있어야 한다.

⇨ 사례 수집 ⇨ 귀납적 논구 : 이를 통한 보편적 정의를 통해 밝혀 보고자 노력했다.

플라톤

: 판단의 보편적 기준을 정하기 위해 노력했다.

"무엇이 존재하는가?" ⇨ 여기에 대한 대답이 도덕적 기준, 학적 지식의 기준이 된다.

⇨ 현상을 설명하고자 하면서도 이성의 절대적 기준은 불변해야 한다는 생각을 고집한다.

즉, 이데아론의 탄생 : 시공 밖의 관념의 세계에 독립적으로 존재한다. "형상". 사유, 정신을 통해 파악해야 하며, 감각은 상기를 도와줄 뿐이다.

〈원인과 설명〉

※ "Why?"에 대한 기계론자들의 설명 비판 : 큼, 작음의 경우를 고찰.

① 상반되는 성격을 가지는 사물들이 동일한 aitia(이유)를 가질 수 없다.

② 어떤 사물의 aitia가 그 사물의 성격과 상반되는 성격을 가질 수 없다.

③ 동일한 성격에 대한 aitia들이 서로 상반될 수 없다.

⇨ aitia에 대한 설명은 설명항과 피설명항 사이의 상호함축관계를 지니고 있어야 한다고 주장.

※ "제2의 항해" : 가설적 방법

  '이 난로가 왜 뜨거우냐?' ⇨ '뜨거움에 의해 난로가 뜨겁다.'
  최소한 모순에 빠지지 않는다는 점에서 "가장 안전한 대답"이라 부를 수 있다.

  "보다 세련된 대답" : '불 때문에 이 난로가 뜨겁다.'

⇨ 불은 불이라는 이데아 뿐만 아니라, '뜨거움 ⇨ 차가움'의 상반되는 쌍 가운데 뜨거움이라는 이데아도 나누어 가지도록 강제된다. 결국 불과 뜨거움의 이데아 사이의 관계는 "논리적 관계"이다.

⇨ 어떤 사물이 가지는 성질을 그 성질의 이데아의 관여를 통해서가 아니라 그 이데아가 함축하는 다른 이데아의 관여를 통해 설명하기에 세련된 대답이며, 설명항과 피설명항 사이의 상호함

축관계를 유지하기에 안전하다.

〈정의〉

※ 플라톤의 정의 : "각자가 자신의 것을 함"

비교) 아리스토텔레스 : 전체적 정의는 "법을 지킴"이고, 부분적 정의는 "같은 것을 같게 대하고 다른 것을 다르게 대한다"이다. 부분적 정의는 "각자의 몫 이상을 가지지 않음"이라는 배분적 정의와 보상적 정의로 나누어진다. 결국 정의는 타인과의 관계에서 성립하는 사회적인 덕이라는 점을 명확히 하고 있다.

(1) 폴리스의 구조 원칙으로서의 정의

폴리스의 4가지 뛰어남 : 지혜, 용기, 절제, 정의

예) 지혜 : 지혜로운 자가 있어야 하고, 이 자들이 그들의 능력에 맞는 업무를 실제로 맡을 수 있을 때 폴리스는 지혜롭다고 볼 수 있다.

⇨ 폴리스가 지혜롭기 위해서는 지혜롭도록 구조지워져 있어야 한다.

- "구조적 계기" 바로 이것이 정의이다. 폴리스의 구조는 바로 각자가 자신의 것을 한다는 원칙에 입각해서 성립할 수 있기 때문이다. 그런데 "각자가 각자의 것을 가짐"이 "각자가 각자의 것을 함"의 전제이다. 각자의 것은 각자의 자질, 능력에 따라 결정된다. 결국 "각자에게 자신의 것"이 보다 포괄적인 기초라고 볼 수

있다.

(2) 폴리스 구성원의 삶에 구현된 정의

"각자에게 자신의 것"이란 포괄적인 표현을 사용하지 않는 이유는, 폴리스가 뛰어나다는 것은 ① 올바른 구조원칙에 의해 조직되어 있다는 것과 ② 업무를 부여받은 자가 이 과제를 수행할 수 있다는 점에 근거하기 때문에, "각자에게 자신의 것"이라는 원칙에 실제로 따라야만 정의롭게 되기 때문이다.

⇨ 이 원칙에 따르는 것이 삶의 방식으로 되었다는 것을 요구한다.

비교) 개인 : 영혼의 세 부분(이성, 기개, 욕망)에도 그대로 적용된다. ⇨ 영혼의 습성으로 되어야 한다. ⇨ 품성의 형성에 사회가 결정적 영향을 미친다. ⇨ 개인윤리와 사회윤리의 연결.

⇨ 이런 정의의 규정은 정의에 대한 definition이 아니다. 정의로운 상태가 무엇인지 밝히고, 어떻게 그렇게 될 수 있는지를 밝히는 것이다. 이는 건강과 병, 의사의 진단의 관계와 유사하다.

⇨ 정의 규정을 정의로운 사회의 보편적 특성을 밝히는 것을 넘어서, 뛰어난 상태를 가능케 하는 동력학이라고 여기고 있다.

〈선분의 비유〉

⇨ 수학자 비판과 Dialektike(변증)의 강조.

영혼의 전희 : 감각지각은, 대상 자체의 성격 때문에 대상을 정확히 밝혀주지 못한다. 그래서 사유의 개입이 필요하다.

예) 큼-작음: 같은 것이 크게도, 작게도 나타난다.

⇨ 가시적인 것과 가지적인 것의 구분 : 가지적인 것은 불변적이고 영속적이며, 스스로 그 자체에서 파악된다. 대표적인 예로 수학의 대상을 들 수 있다. 그러나 수학은 영혼을 실재로 이끄는 도구일 뿐, 실재에 대한 탐구는 Dialektike가 담당한다.

⇨ 일정한 선분을 서로 다른 길이로 나누고, 나누어진 선분의 두 부분을 그 서로 다른 비율로 또 나눈다.

수학자의 태도와 Dialektike의 태도 : 이 둘의 차이는 놓여진 것이 단지 놓여진 것이라는 것을 알고 그것에 유념하는지의 여부이다.

⇨ "이중적 모름의 구조"

비교) 동굴의 비유 : 수인은 그림자만 본다. 그런데 모상을 본 사람은 그림자가 실재가 아니라는 것을 안다. 그러나 이 사람 역시 모상을 실재라고 믿는다. 고통스러운 여행을 해 보아야 모상이 실재가 아니라는 것을 알 수 있다.

⇨ 놓여진 것이 놓여진 것인지 모르고, 놓여짐의 성격이 제거되어야 하는지도 모른다. 나아가 이것을 모른다는 사실조차 모른다.

⇨ "놓여지지 않은 시초 = 무전제의 시초 = 좋음 자체"를 Dialektike에 의해 찾아야 한다. 그래야 "모든 것들의 그것인 바의 것 자체"가 분명해지며, 각 사물의 logos를 제시할 수 있다.

아리스토텔레스

① 현상의 설명 ⇨ 판단의 근거를 현실에서 찾고자 했다.

② 플라톤의 영향 : 목적론적 관점, 실재성은 형상에 있다는 확신.
〈운동의 설명〉
○ "파르메니데스의 원리 인정, 불변적인 것에 기초한 운동의 설명"이 아리스토텔레스의 설명 틀이다.
○ 파르메니데스의 원리 수용 : 가능태로 있다가 현실태로 되는 것이 변화이며, 운동이라고 설명한다.
⇨ 운동의 설명이 문제이다.
"왜 이것이 이런가?"라는 질문은 4가지로 답해질 수 있다. : 4가지 원인(aitia)
그런데 고대 원자론자들은 "왜 이것이 이런가?"에 대한 물음에 대해 이것이 있게된 인과관계만을 제시함으로써 답할 수 있다고 생각했다.
⇨ 하지만 인과관계의 해명만으로 이것이 이렇다는 데 대한 충분한 대답이 될 수 없다. 왜냐하면 불변적이고 영속적인 근거가 아니기 때문이다.
⇨ 그래서 "보편적이고 필연적인 법칙"을 찾아야만 대답이 된다.
⇨ 인과적 관계의 해명 외에 다른 것이 더 필요하다.
왜냐하면 인과관계에만 근거한 대답은 현재의 인과관계가 현재처럼 되는 이유를 제시하지 못한다. 이 인과관계가 영속적으로 반복해서 일어날 것이라는 데에 대한 이유를 제시하지 못한다. 그래서 결국 우연에 근거한 것으로 볼 수 있다.
⇨ "형상인"에 대한 언급이 필요하다. ⇨ 형상인이 인과관계의 필

연성을 보장한다.

    인과관계, 운동 변화는 "운동인 ⇨ 목적인"으로 볼 수 있다. 즉 가능태가 현실화해서 현실태가 되는 과정이다. 여기서 형상인이 동일한 형상이 계속 보존되도록 해 준다. 세 aitia가 모두 운동에 대한 설명 근거가 될 수 있다. 그런데 아리스토텔레스는 생물학에 관심을 가져서 생물은 세 aitia가 같다는 것을 보았다.

⇨ 또한 운동은 질료의 고유한 성격에도 영향을 받는다. 그래서 질료인도 필요하다. 따라서 4가지 aitia가 모두 모여야 운동에 대한 충분한 설명이 될 수 있다.

※ 물활론을 거부하기 때문에, 사물은 스스로 운동할 수 없다. 그래서 궁극적인 aitia로 신을 요청한다. 그러나 영원하고 완전하기에 형체가 없는 순수 현실태이며, 그래서 세계에 영향을 미치지 않는다. 신은 세계로 나아가지 않지만, 세계는 신으로 나아가지 않을 수 없다.

〈인간론〉

혼은 다양한 기능을 지니고 있지만, 하나의 통일체로 이해해야 한다. 혼과 몸도 하나의 통일체이다. 그래서 윤회를 부정한다.

감각 : Psyche가 자극을 지각 ⇨ 물리적 결과와 심리적 현상의 구분

 감각은 이성에 가깝게 위치해 있다. 그러나 신체에 의존하기 때문에 왜곡될 가능성이 있다.

⇨ 플라톤은 감각을 물리적인 것으로 설명해서 감각을 무시한다.

〈윤리학〉

덕의 보편적 이데아의 존재 부정

⇨ 도덕을 지식과 분리 : 덕은 지식의 대상이 아니다. : 지적인 arete와 도덕적인 arete의 구분.

⇨ "덕을 얻는 것은 유덕한 행위를 실행함으로써이다."는 말은 역설적이다. 도덕적인 arete는 가능태로 모든 인간에게 존재한다. 그래서 인간은 선하지도 악하지도 않다. 이것은 교육을 통해 습관화되어 활동태가 될 때, 행복한 상태가 된다. 하나의 상태이다.

덕은 독립적 존재가 아니기에 활동태가 되는 데 제약을 받는다. 상황에 따라 다르게 고려해야 한다.

⇨ 그러나 상황에 따른 이성적인 선택이 중요하다.

즉, 중용이 중요하다.

••• 소크라테스 이후 고대 철학

플라톤 철학의 이해

(플라톤 철학을 한국의 학생이 처음 공부하면 매우 비상식적인 생각이고 말도 안되는 생각인 것처럼 느껴진다. 이 글 조각은 이런 문제점을 줄이고 플라톤 철학이 왜 그럴듯하게 보일 수 있는가, 그래서 왜 서양철학에 큰 영향을 끼쳤는지를 간략하게 설명해 준다. 그래서 이 글 조각은 서술식으로 씌어졌다.)

플라톤 철학과 수학

플라톤 철학의 이해는 플라톤이 수학의 모든 학문과 진리의 한 표준으로 삼았다는 사실을 이해함으로써 시작해야 쉽게 이해할 수 있다.
(김남두, "플라톤과 수학 1") "즉 플라톤 철학과 수학 사이의 밀접한 상호연관을 적절히 고려함이 없이 플라톤 철학의 핵심적 부분을 제대로 이해하는 것이 가능하지 않다고까지 이야기할 수 있을 것이다."

수학, 특히 기하학을 생각해 보자.

원과 삼각형과 직선, 그리고 기타의 도형들을 생각할 수 있을 것이다. 그리고 모양으로 만들어진 각종 건물들, 바퀴들, 그리고 벽의 선들도 생각할 수 있다. 우리가 생활 속에서 실제로 관찰하는 그러한 구조물들과 기하학 속의 원, 삼각형, 직선의 관계- 즉 달리 말하면 구체적인 사물들의 세계와 기하학적 관념의 세계의 관계-를 우리는 어떻게 이해할 수 있을까? 자동차의 바퀴는 실제로는 완전한 원이 아니지만 완전한 원을 추구하는 것으로 생각할 수 있다. 그리고 우리가 나무를 깎아서 곧은 막대를 만들 때 우리는 직선의 형태로 만들려고 한다. 실제로 완전한 직선이 되지는 않지만 최대한 그에 가깝도록 만들고자 한다. 이렇게 생각해 보면 추상적인 기하학의 세계는 우리들 세계의 하나의 청사진처럼 존재하고 있다는 생각이 자연스럽게 된다. 집을 지을 때 우리는 설계도를 그린다. 그리고 그 설계도에 따라서 집을 짓는다. 그 집은 설계도대로 되지는 않지만 설계도와 가깝게 된다. 그리고 우리는 그 집의 구조에 대해서 생각할 때 그 집의 설계도에 나타난 내용 이상의 것에 대해서 생각하지 않는다. 설계도는 하나의 틀이고 건축물은 그것을 구현한 것이다. 기하학이 설계도이고 사물들은 그것을 구현한 것이다. 그래서 플라톤은 이데아의 세계가 있으며 그 그림자로서 사물세계가 존재한다고 주장하게 되었다.

플라톤에 따르면 세계는 몇 개의 세계들로 구분되는데 이데아의 세계는 참되고 본래적인 세계이고 눈으로 볼 수 있는 사물 세계는 존재와 무의 가운데 있는 모상이다. 그러면서도 플라톤은 단순히 구분에 그치지 않고 참되고 본래적인 존재인 이데아적인 존재를 통해서 다른 존재들이 존재를 갖게 된다고 주장하였다. 그것은 마치 모든 사물들이 기하학적인 관계로 구조지어지고 그에 따라서 변화하는 관계를 생각해보면 이해가능하다. 던져진 돌은 포물선의 형태로 운동한다. 돌의 운동 속에 포물선이 숨어있다. 그것은 마치 돌의 움직임을 이끄는 하나의 규범과 같다. 기하학의 세계는 세상의 모든 것을 특징짓는 뼈대이고 그 모상인 사물세계는 본래 세계인 이데아의 세계를 덮은 엷은 껍질에 불과하다. 동물의 운동이 결국에는 그 피부가 아닌 뼈의 구조와 근육의 움직임에 의해서 결정되듯이 세상은 뼈와 근육과 같은 이데아의 세계를 살짝 덮은 가죽처럼 같은 사물들의 세계로 덮여있을 뿐이다.

플라톤의 이데아론 이해 1

플라톤이 이데아의 세계만이 참되고 본래적인 세계라고 주장한 것은 일견 이상하게 들리지만 수학을 근거로 생각해 보면 이것을 나름대로 이해할 수도 있다. 예를 들어서 기하학적인 법칙에 의해서 우리는 사물의 운동과 구조를 예측하고 조작할 수 있다. 굽은 나무기둥들을 가지고 집을 지을 때도 이 기둥들이 '굽은' 것이 아니라 '직선'이라고 생각하고 직선의 형태만을 고려하여 집을 지으면 원하는 집을 지을 수 있다. 한편 세상에 완벽한 원형을 만들 수도 없고 그에 완벽하게 접하는 직선을 그릴 수도 없지만 원의 이데아와 직선의 이데아를 생각하며 계산하여 우리는 접점의 위치를 언제나 매우 정확하게 찾아낼 수 있다. 이러한 이데아들이 어떻게 실제적이고 참된 것이라고 하지 않을 수 있겠는가? 우리가 바퀴를 만들고 기둥을 만들 때 그 둥근 바퀴와 곧은 기둥들의 사소한 일그러짐들은 무시할 수 있다. 즉 가상에 불과하다. 뿐만 아니라 이러한 이데아들은 변하지 않으며 항상 모든 사물에 적용할 수 있다. 그것이 곧 진리이다. 그러므로 수학과 논리학의 명제들은 절대로 보편타당하며 특히 플라톤에게 있어서는 다른 어떠한 현실보다 강하게 주어진다는 것을 이해할 수 있다.

플라톤의 이데아론 이해 2

플라톤이 발견한 이데아의 세계는 곧 추상적 본질, 혹은 추상적이면서도 불변하는 공통성의 발견이며 곧 학문과 진리의 세계를 발견한 것이라고 할 수 있다. 칸트는 이것을 형식적인 것으로만 받아들였다. 그래서 형식만이 선험적이며 감각이 인식 자료를 제공한다고 주장했다. 이것이 오히려 우리의 상식과 잘 일치하는 것 같다. 하지만 플라톤의 생각은 다소 극단적이다. 플라톤은 감각적 내용에 대해서도 이데아가 있다고 주장하였다. 예를 들면 갈색에도 완벽한 갈색(즉 갈색의 이데아)이라는 것이 있으며 따뜻함에도 따뜻함의 이데아가 있다고 생각한 것이다.

플라톤 철학의 전제들

이와 같은 플라톤의 철학에는 몇 가지 선험적 전제들이 포함되어 있는데 그것은 〈1〉참인 모든 것은 어떤 변하지 않는 것이며 그 자체와 동일하여 명확한 것이고 〈2〉진리는 영원불변하며 무시간적인 것이라는 두가지 전제이다.

플라톤이 학문과 진리의 세계를 발견하였다는 말은 철학의 관심을 생활에서 순수히 학문적인 내용으로 돌렸다는 것을 의미한다. 그리고 이후로부터 철학은 항상 생활에 직접적인 내용을 다루는 것이 아니라 학문적인 내용들만을 다루었다. 그리고 그 안에서 모든 학문적인 내용들을 통합시키려 하였다.

플라톤의 진리

플라톤은 영원불변한 진리가 있다고 믿었다. 우리와 같은 한국 사람이 플라톤의 '영원불변한 진리'를 이해할 때에는 다소 오해의 여지가 있으므로 주의해야 한다. 한국 사람은 동양적인 전통 안에서 '영원불변한 진리'라고 할 경우에 포괄적이고 심오한 도(道)를 생각하기 쉽다. 하지만 플라톤의 진리란 이것과는 다소 다르다.

플라톤의 진리는 변하지 않고 객관적으로 존재하는 것을 가리킨다. 플라톤은 이 영원불변한 진리가 곧 이데아라고 주장했다. 여기에서도 플라톤의 생각을 이해하기 위해서는 수학을 생각해 보는 것이 도움이 될 것이다. 예를 들어서 플라톤은 2+2=4, 혹은 삼각형의 내각의 합은 180도라는 것과 같은 내용을 영원불변한 진리라고 생각한 것이다. 그리고 이러한 생각을 연장하여 세상의 모든 것에 이데아가 있다고 주장하였다. 예를 들면 갈색과 따뜻함, 책 등의 이데아가 있다는 말이다. 왜 그렇게 생각했느냐면 우리가 책과 비슷한 물건을 보고 "이것은 책과 닮았다"라고 말하고 어떤 색을 보고 "이것은 갈색과 비슷하다"거나 "갈색과는 너무 다르다"거나 하는 주장을 할 수 있기 위해서는 어떤 기준이 있어야 한다고 생각했기 때문이다. 즉 무엇이 책인지를 알고 있어야 어떤 것이 책과 닮았는지 닮지 않았는지, 둘 중의 어느 것이 더 책과 닮았는지를 알 수 있을 것이며 갈색에 대해서도 마찬가지일 것이다.

이데아의 발견 : 상기설

플라톤이 생각할 때 우리는 이러한 이데아들을 어떻게 발견하느냐 하면 우리의 정신(영혼) 속에서 발견한다. 즉 "영혼이 완전히 그 자체로서 고찰을 시작할 때에는 순수한 것, 항상 존재하고 있는 것, 죽지 않는 것 및 자기 자신과 동일한 것을 향해 움직이기 마련이다". 즉 우리가 그냥 생각에 잠기면 그 안에서 우리는 순수히 추상적인 내용에 대해서 생각하게 되고 그 추상적인 내용인 '책'이나 '갈색'과 같은 것은 책과 비슷한 것, 혹은 갈색과 비슷한 다른 색깔과 결코 혼란되지 않고 순수한 것으로 이해된다. 따라서 플라톤은 정신이 본성적으로 항상 이 진리에 대한 앎을 가지고 있다고 주장했다. 그리고 우리는 이것을 태어나기 전부터 원래 알고 있지만 잊고 있다가 태어난 후에는 교육 등을 통해서 다시 기억해 낸다고 주장했다. 이것이 곧 "상기설"이다.

상기설이란 다음과 같이 설명할 수 있다. 즉 우리들은 본질적인 것에 대한 순수한 사상을, 영혼이 신들 곁에 미리 존재하고 있을 때는 이미 보았으나 이제는 시간과 공간 안에 있는 감각적 지각을 통해서 자극을 받음으로써 다시 이 순수한 사상을 상기(회상)할 수 있을 뿐이다-라는 것. 이렇게 생각한 이유는, 수학과 같은 내용의 경우에서 쉽게 이해할 수 있는데, 우리가 어릴 때 2+3=5, 3+7=10과 같은 것은 배우지만 모든 수의 계산들을 배우지는 않음에도 불구하고 우리가 그 계산을 틀리지 않고 해 낼 수 있기 때문이다. 그래서 플라톤은 "본질적인 것 자체에 관한 지식(예: 동일한 것, 큰 것, 작은 것, 선한 것, 인간, 거문고 등)은 통틀어서 인간 안에 깃들어 있다"라고 주장한다.

따라서 플라톤이 진리가 감각적인 것에서 나오지 않는다고 주장했으리라는 것을 쉽게 짐작할 수 있다. 플라톤은 우리가 감각적인 것에서는 결코 진리를 발견할 수 없으며 진리의 원천은 정신(영혼) 속에서 찾아야 한다고 주장하였다. 따라서 플라톤은 단호한 합리론자이며 관념론자라고 할 수 있다.

플라톤 이데아론의 내용

이제 플라톤의 이데아론에 대해서 자세히 알아보자.

이데아란 항상 자기동일적인 것, 생득적이고 선천적인 진리들을 가리킨다. 이러한 플라톤의 이데아는 형식이나 기능이 아니라 이미 완성된 내용이다. 그것은 갈색이나 책의 이데아도 존재하는 것을 통해서 알 수 있다. 이러한 플라톤의 이데아는 감각적인 대상도 아니고 시공간적 대상도 아니며 심리적인 대상은 더욱 아니다.

오히려 관념적인 실재라고 할 수 있다. 이러한 이데아는 영원불변하는 이상형으로서 우리의 생각의 대상이 된다. 이데아가 영원불변한 것이므로 우리는 영원불변한 것에 대해서 생각할 수 있고 알 수 있다. 만약 인간의 신념과 지식이 이데아까지 이르지 못하고 감각적인 직관에만 얽매여 있다면 그것은 앎이 아니라 억설일 뿐이다.

플라톤은 이러한 이데아가 실재한다는 것은 수학과 논리학이 타당한 것을 통해서 분명하게 알 수 있다고 생각하였다. 플라톤에게 있어서는 다른 어떠한 현실보다 수학과 논리학의 현실성이 강하게 인식되었다. 그것은 마치 오늘날에 있어서도 현대 문명의 기술이 수학과 논리학에 근거해 있으며 따라서 그런 면에서 수학과 논리학은 현실의 토대를 이룬다고 받아들일 수 있는 것과 같다. 플라톤은 이것을 매우 극단적으로 해석한 것 같다.

수학과 논리학을 보면 그것은 현실적으로 작동한다. 즉 수학과 논리학에 근거해서 설계되고 만들어진 기계가 움직이고 건물이 건설되는 것이다. 그렇다면 수학과 논리학은 어떤 '실재하는 것'에 대한 학문이어야 한다. 그것이 무엇인가? 플라톤에 따르면 이데아이다. 따라서 이데아는 실재한다. 만약 그렇지 않다면 수학과 논리학은 공상과 다름없는 것이어야 한다.

우리가 삼각형을 칠판에 그렸을 때 그 그려진 삼각형은 참된 삼각형을 흉내낸 것에 지나지 않을 것이다. 마찬가지로 플라톤은 참된 것인 이데아의 세계가 있다고 생각하였으므로 감각적인 실재적인 사물들은 모두 이 이데아들을 본뜬 것이라고 생각하였다. 그리고 우리가 순수한 삼각형을 생각하기 때문에 칠판에 그려진 삼각형을 삼각형으로서 이해하게 되듯이 이데아의 세계는 감각적이고 구체적인 사물과 세계를 '그것이게끔 하는 것', 즉 '존재하게끔 하는 것'이다. 따라서 이데아를 통해서 다른 존재들이 존재를 갖게 된다, 즉 존재하게 된다.

플라톤은 이러한 이데아가 진리 인식에 있어서 가장 핵심적인 것이라고 보고 학문을 탐구함에 있어서는 항상 '현실을 초월한' 이데아를 이해해야 한다고 주장하였다. 이것은 감각적인 세계를 무시하라는 뜻이 아니라 감각적인 세계의 근저에 있는 것을 이해하고 그래서 감각적인 세계를 한꺼번에 질서정연하게 이해하라는 뜻으로 받아들여야 할 것 같다.

선분의 비유와 동굴의 비유

이러한 이데아론을 이해하고 나면 플라톤의 선분의 비유와 동굴의 비유가 쉽게 이해될 것이다.

선분의 비유란 대상들이 참되게 존재하는 순서를 선분으로 나타낸 것인데 가장 참된 대상으로서 이데아가 있으며 그보다 덜 참된 것으로서 동식물이나 침대 등과 같은 인간이 만든 것들이 있고 마지막에 다시 이것을 모방한 그림자나 모상이 존재한다는 생각이다. 한편 여기에 아래 그림과 같이 사유, 추론적 사고, 의견, 억측 등이 순서적으로 대응된다.

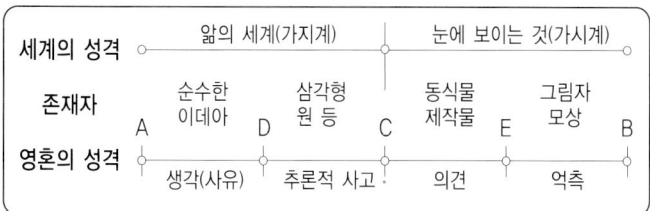

선분의 비유는 이데아에서부터 그림자까지의 존재자들의 참된 정도를 보여준다.

한편 동굴의 비유는 다음과 같다. 우리 인간들은 감옥에 갇혀 있는 자와 같다. 우리들은 땅 밑에 있는 동굴 안에 있으며, 태어나면서부터 의자에 붙들어 매여 있어서, 뒤돌아볼 수도 없으며, 항상 출입구와 맞서 있는 벽 밖에 볼 수가 없다. 이 갇혀 있는 자의 뒤쪽에, 즉 입구 쪽에, 동굴을 가로질러 사람키만한 벽이 있고, 그 뒤에서 불이 타고 있다. 그런데 이 불과 벽 사이를 인간들이 지나다니며, 이 때 이 벽보다 높은 사람의 모습과 형체, 동물의 모습 및 도구 등을 짊어지고 다니게 되면, 불 때문에 생긴 이 사물들의 그림자가 동굴의 벽에 비춰지게 된다. 그리고 거기에서 지나다니는 사람들이 내는 소리의 울림도 갇혀 있는 사람들의 귀에 들리게 된다. 이 갇혀 있는 사람들은 그림자와 울림 외의 다른 것을 알고 있지 못하기 때문에, 이들은 이런 모사를 참된 현실이라고 생각한다. 만약에 이들이 뒤를 돌아볼 수 있고, 여태까지는 그 그림자만 보고 있던 대상 자체를 직접 불빛 속에서 볼 수 있다면, 그리고 그 울림 대신에 소리 자체를 직접 들을 수 있다면 이러한 새로운 현실에 관해서 깜짝 놀라게 될 것이다. 그리고 또 이들이 한 걸음 더 나아가, 동굴에서 빠져나와, 태양 광선 속에서 살아있는 인간, 살아있는 동물 및 진짜 사물들 자체를 보게 된다면 완전히 다른 모습을 하고 있는 이런 현실 때문에, 눈이 부시게 될 것이다. 그러나 이들이 동굴에 머물러 있는 죄수들에게, 너희들이 보고 듣고 하는 것은 본래적이고 참된 현실이 아니라고 설명해 준다면, 아마 아무도 이들을 믿지 않을 것이며, 이들을 비웃기만 할 것이다. 그리고 만약에 어떤 사람이 이 갇혀 있는 죄인들을 풀어 주고, 참된 세계의 빛으로 인도해 주려고 노력한다면 이 사람은 죽음을 당하게 될런지도 모른다. 그러나 그렇다고 하더라도 이 갇혀 있는 죄인들을 동굴 밖으로 끌어내지 않으면 안된다. 사람들을 가상의 세계와 비유의 세계에서 해방시켜, 참된 존재에로 인도해 주는 것이 철학자의 과제이다. 그런데 이 참된 존재란, 물론 이 지상의 세계의 태양 밑에 있는 소위 실재적이고 시간공간적인 세계는 아니다. 이러한 세계도 역시 일종의 모사에 지나지 않는다. 진짜로 존재하고 있는 세계는 이데아의 세계뿐이다.

이데아의 의미들

이상과 같은 플라톤의 이데아에는 여러 가지 다른 뜻이 숨어 있다. 이것들을 정리해 보면 다음과 같다.

첫째, 논리적인 의미가 숨어 있다. 따라서 이데아는 보편적인 개념이며 사고의 수단이다.

둘째, 이데아는 항상 실체이며 따라서 참된 존재로서의 사물 자체이다.

셋째, 사물들의 이상형 혹은 원형을 의미한다.

넷째, 이데아는 사물의 근거가 되므로 이데아가 근거짓는 사물들의 존재 원인이기도 하다. 이러한 생각에는, 연필 장난감이 연필을 흉내낸 것이라면 연필은 연필 장난감의 원인이라는 생각이 깔려 있다.

다섯째로 이데아에는 목표요 목적이라는 의미가 숨어 있다. 따라서 모든 존재자는 한가지 뜻을 가지고 있으며, 이 뜻에 의하여 항상 어떤 보다 높은 것에 이끌려진다.

이데아의 마지막 다섯 번째의 특징인 목표요 목적이라는 의미는 금방 이해가 되지 않을 것이다. 이제 이것을 설명해 보자. 그러면 우리는 플라톤의 윤리학을 이해하게 된다.

플라톤에 따르면 참된 진짜 존재는 이상적인 존재뿐이며 이것이 곧 이데아이다. 이해를 돕기 위한 비유를 하자면 서로 다른 두 개의 인형이 있다면 두 개 중에서 더욱 사람을 잘 흉내낸 인형이 훌륭한 인형일 것이다. 그렇다면 이제 이러한 비교를 이데아들에게도 적용할 수 있지 않을까? 확실히 우리가 (구체적인 이 책이 아닌 '그냥') 책과 연필 중 어느 것이 더 좋으냐고 의미있게 물을 수 있기 때문에 이데아들의 가치를 비교할 수 있다.

플라톤은 이런 방식으로 생각을 뻗쳤는데 그에 따르면 어떤 사물이 훌륭하거나 훌륭하지 못한 가치가 본성적으로 이데아에 매달려 있고 이데아의 가치는 역시 다른 더 상위의 이데아에 매달려 있어야만 한다. 그렇다면 마침내 우리는 최고로 추구 사랑할 가치가 있는 것이 있다고 가정하지 않을 수 없게 되는데 이것을 플라톤은 선의 이데아라고 주장했다. 플라톤은 이와 같은 최고 가치의 이데아인 선의 이데아가 어떤 것인지를 직접 밝히지는 않았으며 대신에 비유를 통해서 설명하고 있다. 플라톤이 제시하는 비유는 선의 이데아를 태양에 비유하는 것이다.

그 비유를 좀더 자세히 보면 눈에 보이는 세계에 있어서는 태양이 모든 것들에게 가시성과 생명과 성장을 부여하는 것과 마찬가지로, 눈에 보이지 않는 이데아의 왕국에 있어서는 선의 이데아가 존재자가 인식되고 본질을 갖도록 하는 궁극적인 원인이다. 그러나 선의 이데아 자체는 이미 존재가 아니며(태양이 다른 사물들처럼 가까이 있는 것이 아니듯이) 존재의 저편에 있고 힘과 품위에 있어서도 모든 것을 넘어서고 있는 것이다.

이러한 철학사상을 통해서 플라톤은 세상의 모든 것을 가치 순서대로(즉 좋고 나쁜 순서대로) 질서지으려고 시도했다. 이러한 플라톤의 생각은 존재하는 모든 것이 질서정연하다는 것을 발견함으로써 생겨났을 것이다. 즉 플라톤은 세상의 질서를 발견하고 또 그 세상의 근저에 있는 진정한 존재인 이데아를 발견하였으므로 이제 이데아 역시 질서있게 존재한다고 생각할 수밖에 없을 것이다. 이데아들의 질서란 그 가치순서를 매기는 것이다. 이로써 플라톤은 무엇이 참된 존재인가 하는 물음과 무엇이 좋고 가치있는 것인가

하는 물음에 대해서 동시에 답하고자 하였다. 이러한 플라톤의 철학사상은 고대 철학에서 최초로 나타나는 체계적이고 방대한 사상 체계라고 할 수 있을 것이다.

플라톤 철학의 영향력

플라톤 철학은 서양철학사 전체에 대해서 일관되게 영향을 미치는 이념사적 근원이다.

1) 플라톤은 참된 존재인 이데아와 이의 모상인 감각적 대상을 구별하고 이데아는 절대적 존재이며 감각적 존재는 우연적 존재라고 구별하였는데 이러한 절대적 존재와 감각적 존재의 구별은 그 후 많은 철학자들의 기본적인 사고방식이 되었다. 이것은 때때로 스스로 있는 존재와 다른 것에 의존해 있는 존재라는 구분으로 나타나기도 하였으며 실체 개념의 근원이라고 할 수 있다. 이것이 곧 서양의 존재론적 이원론의 출발점이라고 할 수 있다.

2) 플라톤은 모든 대상들이 이데아에 근거하여 이데아를 그 존재 원인으로서 가지고 있다고 주장하였으며 다시 이데아들에 대해서는 최고의 이데아인 선의 이데아가 그 존재 원인이 된다고 주장하였다. 이러한 존재의 이유를 생각하는 사고방식과 그 최종, 최고의 세계 존재 이유를 생각하는 사고 방식은 후세에 항상 반복되었으며 특히 신의 존재를 정당화하기 위한 수단으로서 많이 이용되었다.

3) 신의 세계의 존재 이유인 동시에 신을 세계의 의미(혹은 목적)

라고 보는 해석이 플라톤에서부터 시작되었다. 그리하여 선의 이데아에서 이데아로, 그리고 다시 사물들과 그림자로 이어지는 존재의 전개는 곧 신이 세계에 전개되어 있다고 보는 사고방식의 근원이 되었다.

4) 가장 완전한 존재자의 개념이 플라톤에서 생겨났다. 이것은 선의 이데아를 생각하면 쉬울 것이다. 그리고 선의 이데아를 신으로 대체해 보라.

5) 화이트헤드는 서양철학의 전체 내용은 플라톤 철학에 대한 해설에 불과하다고 평했다. 그만큼 서양철학에서의 플라톤 철학의 영향력은 크다. 그리고 서양철학의 모든 문제는 이미 소크라테스와 플라톤이 논하고 문제삼았던 문제들의 범위 안에 제한되었다.

플라톤 철학의 문제점

먼저 논리적인 문제점을 짚어 보자. 모든 것에 대해서 이데아가 존재하고 그 이데아가 참된 것이라면 '악마'의 이데아는 어떻게 될까? 존재하는 것일까 아니면 존재하지 않는 것일까? 악마가 존재한다면 그것 역시 참된 것이고 진정한 것이며 선의 이데아를 존재 근거로해서 존재하지 않을까? 이런 문제를 해결하기 위해서 악마의 이데아는 완전하지 못한 것, 그래서 결여된 것으로서 존재한다는 사상이 생겨난다. 그리고 이 생각은 종교적인 교리를 철학적으로 정당화하는데 굉장히 흔히 사용되었다.

••• 소크라테스 이후 고대 철학

플라톤 철학 요약

상기설 (파이돈 편 74a-76c)

○ 파이돈 편 : 상기설이 최초로 하나의 논증으로 정리되어 제시됨.
　└ 주제 : 영혼 불멸설.
○ 소크라테스의 주장 : 철학자는 육체적인 쾌락을 최대한 멀리함으로써 영혼을 육체와의 결합에서 해방시키는 사람, 육체적인 쾌락을 추구하지 않고 오히려 육신을 경멸하고 영혼을 추구함으로써 참된 진리를 갈망하는 사람이다. 즉, 철학자는 죽음을 두려워할 필요가 없다.
○ 상기설 : 이러한 영혼불멸성에 대한 하나의 지지 논변으로서 등장.
– 상기설의 논증 :
1) 경험할 수 있는 '같음'과는 판이하게 다른 완전한 '같음'이 있다.
2) 우리는 어떤 것이 서로 같다고 하는 지식을 경험으로부터 얻는다. 하지만 경험에서의 같음은 때때로 어떤 사람에게는 같게도 보이고 어떤 사람에게는 다르게도 보인다. 그 같음이 완전한 같음이라면, 즉 같음이 아닐 수 없는 같음 그 자체라면 그러한

결과는 있을 수 없다. 그러므로 현상계에서의 같음은 완전한 같음이 아니며 단지 완전한 같음에로 향하는 같음의 모사일 뿐이다.
3) 상기는 비슷한 것으로부터도 상이한 것으로부터도 가능하다. 그 때에 경험 대상은 상기의 원인이다. 우리가 갑이 을에 못미치는 단지 부족한 모방물이라고 판단할 때 그 닮음의 목적이되는 을을 비교의 (완전한) 기준으로서 이미 알고 있어야 하는 것처럼 같음에 대한 우리의 인식도 마찬가지이다.
4) 그러므로 감각경험을 시작하기 전에, 즉 태어나기 이전에 우리는 그러한 완전한 인식을 가졌음에 틀림없다. 이것은 곧바로 영혼의 선존재(불멸은 아니더라도)의 결론을 낳는다.
※ 상기설 ⇨ 이후 철학의 역사 속에서 특히 수학적 인식을 모형으로 하는 선험적 인식을 주장하는 인식이론의 원천이 됨.

이데아론

플라톤 : 변화무쌍한 경험세계에 대한 지식의 성립가능성을 의심 ⇨ 파르메니데스, 헤라클레이토스의 영향.
 (1) 지식을 두가지 수준으로 나눔 : 지식(episteme)과 억견(doxa) 이러한 구분은 인식 방식에 의한 것뿐 아니라 인식의 대상에 의한 것이기도 하다.
 ○ 지식의 적합한 대상 : 형상, 에이도스
 (2) 플라톤 주장 : 우리가 특히 도덕적이거나 수학적인 관념에 있

어서 평가를 한다는 것은 그 평가의 기준으로서의 '…자체'가 있기 때문이다. - 즉, 형상, 에이도스

○ 에이도스 : 시간에 따라 변화하지 않는다.

이것은 많은 것들을 같은 이름으로 부르게 하는, 다수에 의해 공유되는 하나의 성질이다. 에이도스에 대한 인식은 틀릴 수 없는 가장 확실한 인식이다.

⇨ 이러한 플라톤의 생각은 현상계로부터 독립해서 존재하는 형이상학적 존재자로서의 함축을 가지게 됨.

(3) 플라톤의 인식 모델 : 수학(기하학)

1) 수학적 대상 : 현실 세계의 수많은 개체를 포괄하면서도 단일한 대상이며 현상계의 불완전함이 전혀 개입되지 않은 완전한 대상.

(4) 플라톤의 문제의식 :

플라톤의 관심을 자극한 것은 실천에 관련된 도덕적 문제.

도덕적 문제에 대한 학문의 이상으로서 수학적 인식의 정도로 도덕적 문제에 있어서도 확실한 결론에 도달하려는 그의 바램이 그의 이데아론의 토대가 됨.

즉, 그의 형상론은 주로 도덕적, 정치적 문제에 대한 토론이 궁극적으로 수학과 같은 정도의 확실성에 도달할 수 있다는, 변증법의 옹호이기도 하다.

(5) 플라톤 주장의 문제점

1) 이론 내부의 문제점

① 형상과 경험대상과의 관계 - 플라톤은 그 관계를 단지 '모

사', '분유'라는 비유적인 용어를 사용해서 설명할 뿐이다.

② 그 형상들 간의 관계, 즉 형상들 간에도 형상과 대상 사이의 관계가 성립하는가?

③ 소위 '제3인간 논변'으로 알려진 형상과 경험 대상의 관계에 대한 문제점.

2) 이론을 옹호하는 논변의 문제점

① 형상이 있는 조건, 즉 다른 것과 독립된 형상이 있는 것들은 어떤 것들인지에 관한 문제.

3) 이론이 목적한 바 문제 해결의 성취도의 문제점

① 불필요한 존재자의 양산이라는 비판 : 개별자 위에 또 하나의 다른 존재자들을 상정해도 그것은 문제의 해결이 아니라 단지 반복에 불과하며 그러한 형상을 가정한다 해도 현상계의 다양함과 그들이 운동변화하는 방식에 대해 아무런 설명도 해주지 못하므로 인식적 가치가 없다.

4) 아리스토텔레스의 전반적인 비판

① 플라톤은 실체와 속성을 구분하지 못했다. : 실체는 개별적이고 성질을 가짐에 반해 성질은 보편적이지만 그 자체로 존속하는 실체가 아니다. 플라톤의 형상은 이러한 서로 다른 개념을 혼동한 결과이다.

••• 소크라테스 이후 고대 철학
아리스토텔레스 철학의 이해

아리스토텔레스의 학문 구분

공리적인 기하학체계에 깊이 매혹되어 인간의 적합한 모든 지식이 몇몇 제일 원리로부터 논리적으로 도출되는 통일적인 공리체계로서 정립되어야 한다고 생각했던 플라톤과는 달리 아리스토텔레스는 서로 어느 정도 차이를 갖는 각각의 학문의 독립성을 무시하지 않았다. 아리스토텔레스는 지식을 그 관련된 목적에 따라 세 종류로 나누었다.

1. 우리가 어떻게 행위할 것인가를 다루는 실천학
   - 윤리학, 정치학 등.
2. 사물의 제작에 관련된 창작학
   - 시학, 수사학 등.
3. 그 목적이 실제적인 행위나 창작이 아니라 오직 진리인 이론학
   : 이것은 그 대상에 따라 다시 수학, 자연학, 제일철학(신학과 형이상학이 혼용)으로 나뉨.
1) 자연학(physika)은 우주의 물질적(공간 상에 독립적으로 존재할 수 있음)이고 운동의 원인을 자신 안에 가지고 있는 일부분을

다루고 수학은 물질에 구현되어 있기는 하지만 독립적으로 존재할 수 없고 움직이지 않는 우주의 측면을 다룬다.
2) 제일철학은 그와 달리 변화(운동)하지 않으면서도 독립적으로 존재하는 대상을 다루는데 이것은 개별 존재자들에 선행하는 최고의 존재자를 다룬다는 의미에서 신학이며 또한 보편적인 존재일반을 즉, 소위 '있음으로서의 있음'을 다룬다는 의미에서 형이상학이다. (아리스토텔레스는 신학이 다루는 존재자가 일차적인 존재자이기 때문에 또한 보편적이라고 하지만 여기서 신학과 형이상학을 제일철학이라는 이름 아래서 포섭하는 아리스토텔레스의 시도는 그리 성공적인 것 같지 않다.) 모든 진지한 탐구는 있는 것을 다루는데 형이상학자는 어떤 특별한 있는 것을 다루는 것이 아니라 모든 존재자들의 단지 있다는 사실 때문에 그것에 속하는 바로 그 측면을 다룬다.
3) 개별과학은 그와는 달리 존재의 어느 한 부분을 쪼개어 이 부분의 성질을 연구한다. 그러므로 있음으로서의 있음을 연구하는 제일철학은 가장 보편적이다. 형이상학 Z편에서 아리스토텔레스는 존재에 대한 탐구와 실체에 대한 탐구를 동일시한다. 그렇다면 아리스토텔레스에게 있어서의 실체란 무엇인가?

아리스토텔레스의 실체 개념

1) 아리스토텔레스는 「범주론」에서 술어의 유형을 여러 가지로 나누고 있는데 그것의 큰 줄기를 아리스토텔레스는 범주라고 한

다. 이러한 언어상의 유형은 곧 존재상의 유형을 반영한다. 아리스토텔레스는 실체의 범주와 다른 여타의 범주(성질, 관계 등)를 나누고 실체의 범주가 일차적이라고 한다. 그 이유는 다른 범주들이 단지 실체와의 관련 하에서 존재할 수 있기 때문이다. 실체의 조건으로 아리스토텔레스가 내세우는 것은

1. 문장에서 주어가 되며 술어가 되지 않는 것.
2. 다른 것에 내속하지 않는 것, 즉 존재적으로 다른 것에 의존하지 않는 것이다.

2) 아리스토텔레스는 이러한 두 조건을 모두 만족시키는 것을 소위 제일 실체로 분류하는 데 여기에는 개체들이 속하며, 종(species)이나 유(genus) 등은 이러한 의미에서 엄밀히 실체라고는 할 수 없지만 제일 실체를 포괄하고 있으므로 아리스토텔레스는 이런 것들을 이차적인 의미에서의 실체라고 분류하고 있다.

3) 범주론에서의 그의 설명은 실체의 독립성을 강조한 것이다. 실체는 어떤 (특정한) 성질 없이 존재할 수 있지만 성질들은 단지 어떤 실체의 성질로서만 존재할 수 있을 뿐이다. 이것은 하나하나의 보편적 성질들에 일차적인 존재를 부여하고 개체들은 단지 이러한 보편자에 참여함으로 그 성질을 얻는다는 플라톤의 생각에 대한 근본적인 비판이다.

아리스토텔레스 이후의 실체 개념

1) 합리론자들

- 데카르트 : 실체를 의식하는 자아와의 관계에서 파악. 즉각적으로 존재하는 것 또는 우리가 감각하는 성질의 담지자가 되는 것이 실체인 것이다. 왜냐하면 성질은 없는 것의 성질이 될 수 없기 때문이다. 또한 그는 다른 곳에서 그것이 존재하기 위해 다른 어떤 것의 도움도 필요하지 않은 것, 즉 그 스스로 존재할 수 있는 것을 역시 실체라고 정의하고 있다. 그에 따라 정신, 물질, 신이 세가지 실체인데 존재적으로 말하면 실체의 개념에 적합한 유일한 존재는 신이라고 말한다.
- 스피노자 : 데카르트의 두번째 실체의 정의를 이어받아 신이자 우주인 전체로서의 우주가 곧 실체라고 주장.
- 라이프니쯔 : 아리스토텔레스의 실체의 규정 중에서 변화의 중심으로서의 그것과 주어가 되고 술어가 되지 않음의 성질을 받아들이고 있다.

2) 경험론자들 : 실체의 개념이 어떤 적극적인 의의를 가진 것이 아니라 단지 우리가 존재하는 것으로 지각하는 성질들의 가정된 기반이라고 주장. 이렇게 성질들이 그것에 붙어 존속할 수 있는 실체의 개념은 성질이 어떻게 실체없이도 존재할 수 있는지를 알지 못한 채 단지 우리가 너무 쉽게 상상해낸 것일 뿐이다.

- 흄 : 이러한 비판을 물질적 실체 뿐만 아니라 정신적 실체, 그리

고 자아에까지 확대해서 이러한 개념들은 단지 우리가 그것이 무엇인지도 알지 못하는 공허한 생각이라고 비판했다.

3) 칸트 : 실체의 개념을 (그가 다루는 다른 전통적인 개념들과 마찬가지로) 대상 세계의 기초적인 존재단위에서 인간이 그들의 경험을 정리하는 하나의 범주로 격하시켰다.

아리스토텔레스의 4원인설 – 「자연학」

아리스토텔레스는 자연현상에 대한 연구자들이 그들의 탐구 과정에서 물을 네가지의 내용을 나열하고 있는데 이것이 바로 4원인설이다. 이 때의 원인은 현대적인 의미로서가 아니라 각각의 설명의 유형을 뜻하는 것으로 이해하는 것이 좋다.

- 질 료 인 : 사물이 그것으로 구성되는 질료를 그 사물의 원인으로 봄.
- 형 상 인 : 사물의 형상이 또한 그 사물의 사물됨의 원인이다.
- 작 용 인 : 변화의 원천.
- 목 적 인 : 그 사물이 담고 있는 목적.
  - 아리스토텔레스 : 대상에 대한 완벽한 지식은 이러한 네가지 원인을 전부 앎으로써 얻어질 수 있다.

아리스토텔레스의 '변화' – 「자연학」

1) 엘레아학파는 그들의 'einai –이다(혹은 있다)' 동사에 대한 논리적 분석을 토대로 다수성을 부정하고 진정한 실재에게는

아무런 운동도 변화도 없다고 주장했다. 아리스토텔레스는 이러한 주장을 그의 「자연학」에서 진지하게 다루고 그의 논의의 출발점으로 삼고 있다. 그것은 우리가 경험하는 대로의 세계, 운동과 변화로 충만한 세계가 실재로 존재한다는 것이 자연학의 성립의 근거이기 때문이다.

2) 그의 논증의 핵심은 사물이 여러가지 방식으로 einai한다는 것이다.

    첫째로, 그는 그의 범주를 원용하여 실체와 성질, 양 등의 서로 다른 범주가 모두 같은 방식으로 존재하는 것은 아니라 말한다.

    둘째로, 그는 동일성을 나타내는 존재사로서의 einai와 주어와 술어를 연결시켜주는 역할을 하는 계사(predicate)로서의 einai를 구별하여 엘레아학파의 논리를 공격한다.

3) 이렇게 다수성과 운동, 변화를 구제한 후 그가 설명하는 변화의 세 기본 요소는 다음과 같다. 우선 변화의 시점과 종점이 있어야 하며 이것은 서로 반대되는 성질이다. 하지만 이것만 있어서는 변화가 아닌 생성과 소멸이 있을 뿐이다. 변화의 기저에는 변화를 겪으면서도 동일성을 유지하는 어떤 것이 있어야 하며 아리스토텔레스는 이것을 기체(hypokeimenon ; substratum)라고 부른다.

4) 또한 아리스토텔레스는 변화를 네가지 유형으로 나누는데 그것은 각각 실체의 측면(생성, 소멸), 질의 측면(변질), 양의 측면(증

가, 감소), 장소의 측면(운동)에서의 그것이다. 이러한 변화의 분류에서 실체의 변화는 특별한 지위를 가지는데 그것은 다른 변화에서는 어떤 개체가 변화의 기체로서 얘기될 수 있는 반면 실체의 변화에서는 그럴 수 없기 때문이다. 아리스토텔레스는 여기서 실체를 질료와 형상으로 나누고 생성과 소멸의 경우에 있어서는 질료가 그 기체의 역할을 한다고 설명한다.

5) 이러한 아리스토텔레스의 설명을, 변화의 기본단위를 물, 불, 공기, 흙이라고 하는 엠페도클레스의 운동설명에 비교해보면 아리스토텔레스는 단지 운동에 관련된 질료들을 넘어서 어떤 운동의 개념이 본질적으로 지니는 일반적 구조를 지적하여 운동을 설명하고 있음을 알 수 있다.

또한 아리스토텔레스는 우리가 말하는 방식이 대상세계의 존재방식과 밀접히 연결되어 있다는 생각에서 이러한 논의를 일상언어에 대한 체계적 분석을 통해 전개한다는 점도 주목할 만하다.

••• 소크라테스 이후 고대 철학

아리스토텔레스의 논리학과 형이상학

논리학

: 아리스토텔레스에 이르러 지식에 대한 본격적인 학문으로서 성립함. + 고전적인 완성

논리학의 의미: 정신을 분석하는 것. 언어를 통해서 사고를 분석함.

- 아리스토텔레스의 생각: 정신도 일정한 구조를 가지고 있으며 여러 요소와 기능들로 이루어져 있음.
- 정신의 궁극적 요소들: 개념, 판단 및 추리. 전통 논리학의 기본 틀이 됨.

※ 아리스토텔레스 논리학의 의미

형식적인 논리학 + 실질적인 논리학(즉, 진리 인식을 위한 인식론)

- 이론적 관심뿐만 아니라 실천적인 관심에서도 정신의 기본 형식을 연구함.

개념론

: 정신의 분석을 통해서 발견해 낸 궁극적 요소

- 개념은 참도 아니요, 거짓도 아니다.
- 플라톤의 이데아에 해당하는 아리스토텔레스적 요소.
O 정의(definition): 올바르게 형성된 개념. 정의란 "본질을 드러내는 말"이다.
- 정의의 방법: 유와 종의 차이를 지적하는 것.
 -유와 종: 유는 종보다 본성적으로 보다 이른 것, 더 잘 알려져 있는 것. 논리적인 개념이 아니라 플라톤의 존재론적인 에이도스.
O 범주: 개념을 분류한 것. - 진정으로 아리스토텔레스다운 것
- 아리스토텔레스는 우리가 명제 속에서 연결짓는 개념들이 항상 전형적인 부류로 정돈된다는 것을 발견하였음. ⇨ 범주표의 제작
 1) 실체: 그 자체로 존재하며 일종의 자립성을 가진 존재자.
 2) 속성: 고유한 속성과 우연적 속성으로 구분.
- 고유한 속성: 실체의 본질에 따라 항상 실체에 붙어다니는 것들.
 예: 삼각형은 세 각의 합은 180도이다. 사람은 웃을 수 있다.
 특징: 본질에 대해서는 왜 그런가에 대해 대답할 수 있다.
 (※ 본질적 속성과 고유한 속성의 차이: 본질적 속성에 대해서는 설명할 수 없고 단지 그렇다고 지정할 수만 있지만 고유한 속성에 대해서는 왜 그런지 설명할 수 있다.)
- 우연적 속성: 어떤 실체에 붙어 있을 수도 있고 그렇지 않을 수도 있는 속성.
 예: 남자는 수염이 난다. 나무 심기 위한 구덩이를 파다가 보물을 발견.
 특징 : 우연적 속성에 대해서는 어떤 설명을 할 수가 없다. 아리

스토텔레스 입장에서, 참된 학문은 고유한 속성이나 본질
적 사태에 관련된다.
3) 그 밖의 범주들: 양, 질, 관계, 장소, 시간, 위치, 소유 · 상태,
능동, 수동.

판단론

– 판단: 두 개의 개념이 연결되어 판단이 생김. 현실에 관해 진술.
참과 거짓의 담지자.
– 판단의 종류:
  1) 판단의 질: 긍정 판단, 부정 판단.
  2) 판단의 양: 보편적 판단, 특수판단 및 개별 판단.
  3) 판단의 양상: 사실판단, 필연판단, 가능판단.
– 판단의 기능: 개념은 어떤 것이 무엇인지 밝혀주지만, 학문적 판
단은 어떤 사태가 있느냐 없느냐 하는 것을 밝혀줌.
– 판단의 본질: 개념들의 가능한 결합, 혹은 가능한 분리는 현실에
의존한다고 봄.
• 플라톤: 개념들이 결합될 가능성에 대한 긍정/부정적 의견이 판
단의 본질이라고 봄 – 개념 자체에 판단의 기준이 들어
있게 되어 논리적인 것이 됨.
– 판단과 실체: 판단의 궁극적 주어가 되는 것이 실체.
1) 제일 실체: 일차적인 어떤 것, 완전히 개별적인 것.
2) 제이 실체: 여러 개체들에게 공통적인 것, 종(種)적인 실체. –

판단의 관념적 주어. 학문적 판단의 주어.
⇨ 학문의 대상이 보편자라고 보는 한에서 플라톤주의자.

추리론

- 삼단 논법(Syllogism): 아리스토텔레스 논리학의 중심. 이상적인 형식을 갖춘 추리 형식. 모든 학문의 기준.
- 학문을 한다는 것: 증명을 해내는 것. 삼단논법이 증명.

  삼단 논법의 구조.

    (대전제) 모든 사람은 죽는다.

    (소전제) 소크라테스는 사람이다.
    _____

    (결론) 그러므로 소크라테스는 죽는다.

- 삼단논법에서의 개념: 소개념, 대개념, 매개념
  1) 소개념(S): 결론의 주어가 되는 개념.
  2) 대개념(P): 결론의 술어가 되는 개념.
  3) 매개념(M): 전제에 나타나면서 결론에 나타나지 않는 개념.
- 삼단 논법의 격과 식

구 분	제 1 격	제 2 격	제 3 격	제 4 격
(대전제)	M – P	P – M	M – P	P – M
(소전제)	S – M	S – M	M – S	M – S
(결 론)	S – P	S – P	S – P	S – P

※ 이들 중 제1격이 가장 자연적이고 중요.
- 삼단 논법의 원칙: 판단과 개념의 숫자는 세 개이어야 한다.
- 삼단 논법: 학문적인 추론 – 사고필연적인 결론을 이끌어내는 증명.
- 삼단 논법의 논리적 정당성: 마지막 개념이 중간 개념에, 중간 개념은 첫째 개념에 포함되어 있다는 관계에서 찾음– 플라톤의 변증법과 동일한 생각.

형이상학: 아리스토텔레스의 제일 철학

- 아무데나 있는 보편적인 존재, 즉 존재 자체와 이것에 본질적으로 속해 있는 모든 것을 고찰하는 한 가지의 학문.
○ 형이상학: 존재에 관한 학문, 즉 존재론(Ontologie).
  아리스토텔레스의 삼단논법은 형이상학의 한 부분.
○ 제일철학인 까닭: 모든 개별과학에서 전제로 삼고 있을 뿐 연구하지 않는 가장 보편적인 것, 즉 존재와 존재의 본성을 학문적으로 연구하는 학문.
⇨ 모든 것들이 이 존재를 바탕으로 해서 명맥을 이어가므로 존재가 첫 번째로 중요. 형이상학은 모든 것의 이 첫 번째 특징과 원인에 관련된 학문.
- 존재 자체가 연구됨: 저절로 존재의 궁극적이고 독립적인 근거를 물어 들어감.

••• 소크라테스 이후 고대 철학

아리스토텔레스의 덕윤리 : 니코마코스 윤리학

○ 아리스토텔레스 : 최초로 행복에 대하여 포괄적으로 철학을 전개.
○ 문제와 대답의 전략
 – 문제 : "사람이 어떻게 살아야 하는가"
 – 대답의 전략 : 삶의 궁극목적을 찾아야 한다고 생각함.
'궁극의 목적' 찾기 : 먼저 궁극의 목적이 갖추어야 할 두 가지 조건을 제시
  1) 궁극성: 이란 어떤 것이 다른 무엇의 수단이 될 수 없다는 것
  2) 완전성: 어떤 것에 다른 것을 더 보탤 필요가 없다는 것
 – 이 두 조건을 갖춘 것 : 행복
○ 다음 물음 : 그러면 행복이란 무엇인가?
⇨ 이 문제에 대해서도 말하지 않는다면 허망할 것이다.
아리스토텔레스 : 먼저 다른 사람들의 견해를 비판적으로 음미
 1) 쾌락 : 이것은 노예나 짐승의 목적이 될 수 있지만 인간의 목적 은 될 수 없다고 생각

2) 명예: 그것을 얻는 사람보다 주는 이에게 달려있는 것이다. 인생의 궁극목적은 피동적인 것이 아니므로 이것도 궁극목적은 아니다.

3) 덕: 덕이 발휘되지 않을 수도 있고, 또 덕이 있는 사람이 비참한 생애를 보내는 경우가 있으므로 궁극의 목적은 아니다.

4) 재산: 그 자체가 목적이 아니라 다른 것을 위한 수단일 뿐.

5) 선의 이데아 : 현실적인 좋은 것을 떠나서 선의 이데아가 있을 수가 없고, 설령 있다 해도 현실적인 실천에는 도움이 되지 않는다.

○ 아리스토텔레스의 결론: 행복이란 정지된 상태가 아니라 활동하는 과정.

– '행복하다'는 것은 '잘 산다'는 것이요, 잘 산다는 것은 인간의 기능을 잘 발휘하는 것

○ 인간의 기능에 대한 탐구

 1) 영양과 생식: 식물에게도 있음.

 2) 감각과 욕구: 동물에게도 있음.

 3) 이성과 사유 : 이것만이 인간의 고유한 기능. 인간의 본질적 기능.

※사유를 통해서 관조하는 삶을 살아야 행복.

그러나 이성의 일시적 발휘만으로는 행복이 될 수 없고 "한 마리의 제비가 여름을 일으키지 않으며 하루의 맑은 날씨가 여름을 부르지 못하듯이" 일생을 통해서 한결같이 이성을 발휘해야

행복이 얻어진다고 주장

○ 덕 : 이성을 한결같이 발휘하기 위해서는 경향 내지 습승이 필요. 이 습성이 곧 '덕'

　- 덕의 두 종류 : '이론의 덕' 과 '실천의 덕'

1) 이론의 덕 : 사물의 이치를 인식하고 항상 올바른 행동을 계획하는 지적 능력.

2) 실천의 덕 : 이성의 인식과 계획을 따라서 늘 올바른 길을 택하는 행동의 능력.

○ 실천의 덕에 대한 아리스토텔레스의 세 질문

1) 실천의 덕은 어떻게 생기는가? - 답: 실천을 통하여, 즉 습관에 의해서 생긴다.

2) 덕의 기본적인 특징은 무엇인가? - 답: 중용.

　- 이 특징을 알아야 덕의 습성을 기를 수 있음.

　- 중용 : 사람의 감정과 욕구에서 지나침과 모자람의 두 극단을 피하고 이성의 통제력이 언제나 어김없이 발휘되는 경향이 곧 실천의 덕이다.

예) 위험에 빠지면 우리는 너무 겁을 먹거나 혹은 지나치게 저돌적이 될 수 있다. 이 두 극단을 피하여 중용을 얻으면 곧 용기라는 덕을 얻게 된다.

3) 사람이 어떤 경우에 자신의 행위에 책임을 져야 하는가? - 답 : 스스로한 고의적 행위

　- 질문을 던진 까닭 : 덕의 중용은 행위의 결과에만 관련되는 것

이 아니라 그 행위의 이유에도 관련되기 때문이다. 책임 문제는 행위의 이유에 관련된다.
- 어떤 행위가 고의적이고 어떤 행위는 고의적이 아닌가?
  아리스토텔레스의 답: '강요당한' 행위와 '모르고 한' 행위 두 경우 이외의 모든 행위가 고의적인 행위이다.
○ 이론의 덕 : 실천의 덕보다 더 중요하다고 생각했다.
- 아리스토텔레스 : 인간은 이성의 본성을 따라 활동할 때 참으로 행복. 이 행복이 삶의 궁극적인 목적.
- 인간의 본성인 이성적 행위 중 가장 존귀한 것: 이론의 인식 즉 철학적 진리의 파악.
- 행복의 극치 : 파악된 진리를 조용히 관조하는 것.
- 행복을 누리기 위한 네 가지 조건
  ①천부적 재능
  ②시간의 여유와 마음의 평화
  ③적당한 재산
  ④좋은 친구들

••• 소크라테스 이후 고대 철학
에피큐로스학파의 윤리설

쾌락주의와 비쾌락주의

○ 에피큐로스 학파
- 윤리학적 이기주의 : 에피큐로스, 홉스, 니체 등.
  윤리학적 이기주의자들은 선이나 복리를 행복과 동일시하고 행복을 쾌락과 동일시함으로써 흔히 에피큐로스와 같이 쾌락주의자가 되기도 한다.
- 쾌락주의 : 쾌락이란 좋은 것이고 살아있는 모든 존재의 진정한 목표이며 모두가 추구해야 할 바라고 하는 견해

○ 쾌락주의적 가치론 :
1) 좋은 것에 관한 쾌락주의자가 반드시 옳은 것에 관한 쾌락주의자일 필요는 없다. 좋은 것에 대한 쾌락주의자이면서 옳은 것에 대해서는 의무론자일 수 있다(버틀러, 칸트 등)
2) 쾌락과 좋은 것이 동치. 하지만 "쾌락"의 의미가 애매. 반드시 좋음이 즐거움을 의미한다고 할 필요는 없다.
   ① 행복=쾌락, 혹은 행복=즐거움.
   ② 모든 쾌락은 좋은 것이며 그 자체로서 즐거운 것은 좋은 것이다.

③ 쾌락만이 내재적으로 좋은 것이다.
④ 즐거움은 내재적으로 좋음의 유일한 기준이다. 그것은 사물들을 목적으로서 좋은 것이 되게 한다.

○ 좋은 것에 대한 정확한 주장에 따라서 쾌락주의는 두 가지로 나뉜다.
1) 양적 쾌락주의 : 어떤 것의 내재적 좋음은 그것이 내포하는 쾌락의 양에 비례한다.
2) 질적 쾌락주의 : 거부.
- 비쾌락주의 : 쾌락도 좋은 것들 중의 하나라고 주장하지만 쾌락이 유일한 좋은 것이라는 점에는 반드시 반대.

에피쿠로스 학파

○ 세계가 무엇으로 구성되어 있다면 그로부터 인간의 행동에 어떤 결과가 초래되는가가 문제.
- 인생의 목적 : 쾌락 - 여러 종류의 쾌락을 구분하기 위해 애를 많이 씀.
- 쾌락의 선의 척도. 쾌락이라고 해서 모두가 똑같은 가치를 지니는 것은 아니다.
○ 여러 종류의 쾌락을 구분하는데 최대의 주안점 : 쾌락은 육체의 고통과 정신의 불안으로부터의 자유를 의미.
○ 에피쿠로스는 육체적 쾌락을 반대하려는 것이 아니라 단지

이러한 쾌락에 너무 관심을 두는 것은 부자연스럽고 불행과 고통에 이르는 가장 확실한 길임.
- 감각적인 쾌락을 쫓는 사람은 항상 불만족. 고통.
- 현명한 사람은 본성을 최소로 억제하고 필요한 만큼 만족.
 인간의 본성이 추구하는 궁극적인 쾌락은 마음의 평정이다. 정신의 평온한 안정 상태.
○ 선한 삶 : 자기의 동료를 도와주는 것이 아니라 지적인 매력을 지닌 친구들과 즐겁고 유쾌하게 교제하는 것.
- 시민 사회의 유일한 기능 : 타인에게 고통을 주는 자들을 막는 것.

···PAKEBI'S NOTE OF PHILOSOPHY

03. 중세 철학

플로티누스의 유출설
아우구스티누스의 철학 요약
보편 논쟁

••• 중세철학

플로티누스의 유출설

플로티누스

고대 철학의 마지막 부흥기를 이룬 사람.

〈사상〉
- 실재에 대한 사색과 종교적 구원에 관심이 많았다.
- 그는 영혼만이 실재라는 플라톤의 핵심 사상을 만물의 원천으로서 인간이 회귀해야 하는 근원인 신에 대한 탐구 속에서 재구성하였다. ⇨ 신 플라톤 주의자(Neo-Platonist)라고 불림.

플로티누스의 철학적 문제

플로티누스의 단 하나의 철학적 종교적 문제는 신이 절대적 통일체이기 때문에 변화를 내포하지 않는데 또한 필연적으로 일종의 변화를 의미하는 다양성의 세계를 창조한다는 것.

- 신 : 자기 동일적인 일자(oneness). 절대적 통일체로서 세계를 초월.
- 사물의 세계 : 복합적인 사물로 구성. 항상 변화.

⇨ 신은 초 존재자이다. : 신은 비물질적이며 불가분적일 뿐만 아니라 모든 사물의 개별적 본질규정을 넘어선 충만한 완전성이다.

○ 신은 모든 존재를 앞서가는 첫번째의 것이기에 사물들로부터 신을 해명할 수 없고, 오직 신으로부터 존재를 해명할 수 있다.

유출(Emanation)의 개념

○ 신의 유일성의 견해를 유지하면서도 세계의 다양성을 설명하기 필요.
○ 태양이 본질적으로 빛을 방출하듯이 사물은 신에게서 창조되나 빛이 그 태양 자체는 아닌 것처럼 신이 만물의 원천이고 만물은 신을 현현하지만 신과 같은 것은 없다.
○ 빛이 태양에서 멀어질수록 희미해지듯 신에게서 흘러나온 것도 신과 멀어질수록 불완전하다.
  ⇨ 유출은 본질의 위계에 따라 세단계로 이루어진다.
 1) nous : 사유 혹은 보편적 지성으로서 세계의 토대를 이루는 이성 능력으로 최초로 유출된 것.
 2) 영혼 : nous에서 나온 것인데, 여기에는 정신을 반영한 세계 영혼과 이데아계 및 감각계 양편에 걸쳐 있는 인간의 영혼들이 있다.
 3) 물질 : 신으로부터 가장 멀리 있으며 불완전한 것으로서 무의 경계선에 있다.

요 약

○ 플로티누스의 일자는 신이고 만물은 그에서 유출된 것이다.

○ 가장 실재적인 것은 유일하며 모든 존재를 앞서는 일자인 신이며, 이러한 신은 완전한 것이 불완전한 것을 앞서가듯 사물을 앞서가며 사물의 존재 원인이 된다.
○ 동시에 모든 존재자는 신에 의존하며 신의 불완전한 모사이다.
○ "일자는 만물이다", "만물은 일자이다"라는 그의 주장은 범신론이 아니라 이원론과 일원론의 변증법적 긴장관계 속에서 이해해야 한다.

플로티누스 철학의 의의

○ 고대 철학과 아우구스티누스를 연결시키는 다리 역할을 함.
○ 플로티누스는 자신의 사상을 체계화시킬 때 스토아 학파, 에피큐로스 학파, 피타고라스 학파, 아리스토텔레스의 사상을 분석한 후 이들을 모두 거부하였다.
즉, 이 사상들이 영혼의 참된 본질을 이해하지 못했다고 생각.

••• 중세철학

아우구스티누스 철학 요약

아우구스티누스 철학의 목적

유물론적 이원론, 회의주의를 벗어나 참되고 절대적인 진리를 탐구하는 것.

아우구스티누스 철학의 내용

- 지식의 확실성 : 의식의 진리에 있다. 즉 회의하는 자는 자신이 회의하고 있다는 사실을 확신한다는 이유에서 회의하는 행위 자체가 바로 확실성의 증표이다.
- 감관의 지식 : 대상과 감각기관이 항상 변화하는 것이므로 확실성을 거의 줄 수 없다.
- 지식 : 영혼의 행위. 영혼이 그 자신의 실체로부터 대상의 상을 형성한다.

  왜냐하면 비물질적인 영혼에 물질적인 대상이 물질적 인상을 만들 수 없기 때문이다.

  영혼이 감각적인 것을 위한 비물질적인 규칙 이념을 소유하고 있다. 감각이 판단을 수반한다.
- ○ 그러므로 지식은 육체적 감관의 대상의 단계에서 완성되는 것

이 아니라 영혼의 활동을 넘어서, 개별 사물의 배후에 있는 영원한 진리를 그 자체로 인식하는 데까지 나아간다.

아우구스티누스의 인식론

인식과 진리를 사유와 더불어 자의식의 사실로 파악하는 자각적 명증성을 확립.

물질적 대상의 가변성과 인간 정신의 유한성에서 기인하는 인식의 한계를 신의 계시에 의해 극복.

※ 계시론 혹은 조명설 : 정신은 진리의 근원인 창조주의 배려에 의해 어떤 신성한 빛 속에서 수학적 진리와 같은 진리를 볼 수 있도록 되어 지적 본질을 지닌다. 신성한 빛은 어떠한 관념을 참으로 판단하는데 대한 계시를 하는 것으로, 관념 속에서 진리와 영원의 성질을 인식하는 조언이 된다.

○ 진리의 본질 : 개별적, 감각적 진리의 배후에 있는 진리 자체를 신성한 빛에 의해 추구.

⇨ "진리는 있는 바의 것이다" : 존재론적 진리. (플라톤 류의 인식론적 선험주의)

인식론에서 신학으로

신을 아는 것이 곧 세계를 아는 것이다.

세계는 신의 영원한 사유의 유한한 반영물이며 세계를 이루는 형상의 전형으로서 신 안에 있다.

신은 유한자의 존재근거인 존재 그 자체이며, 완전, 지존, 영원한 존재이다.
세계의 기원과 존재의 근거 및 인식의 근거는 오로지 신에게로 향해 있다.

••• 중세철학

보편 논쟁

보편 논쟁

: 보편 개념과 개별자 간의 관계 문제 - 플라톤과 아리스토텔레스에서부터 제기됨.

- 플라톤 : 보편자는 하나의 실체로서 개별자를 앞서가며 개별자는 그것을 분유한다.
- 아리스토텔레스 : 현실적인 것은 개별자이며 보편자는 개별화된 형상을 개별자 내에서 추상함으로써 얻어짐.

중세의 보편 논쟁

포르푸리오스(Porphurios) : 새롭게 이 문제를 제기함.

보에티우스 : 본격적인 질문들을 제기함.

1) 보편개념으로서의 유와 종이 실재하는가, 정신의 구성물에 불과한가.
2) 그것이 실재한다면 물질적인가. 비물질적인가.
3) 개별자와 별개로 존재하는가, 그것의 내부에 있는가.

보에티우스의 정식화 :
1) 보편개념은 정신에서는 비물질적으로, 사물 내에서는 구체적으로 존재한다.
2) 개별자 안에 존재하나 정신에서는 별개로 분리되어 존재한다.
이 후의 논쟁들 ⇨ 실재론, 유명론, 온건 실재론

과장된 실재론

- 전제 : 사유의 질서와 존재의 질서가 완전히 일치한다.
- 주장 : 인간이 사유할 수 있는 관념은 정신 밖의 실체와 대응하며 그것을 반영한다. 따라서 보편자는 실제로 존재하는 사물이며, 유나 종은 실재 안에 존재하고, 개체는 이 보편자를 공유한다.
- 안셀무스 : 로셀리누스(Rscellinus)의 삼신론에 반대 – 각각의 위격은 신이지만 전체적으로는 유일한 신이라는 삼위일체를 주장.

유명론

- 로셀리누스 : 어떤 유의 추상 보편자는 하나의 사물과 대응되어서는 안된다.
개체만이 자연 내에 존재하며 보편개념을 사용할 수 있는 인간이 개체를 결정한 후에 추상해낸 것이 보편자이므로 그것은 실재성이 없는 말이나 명사에 불과하다.

- 오캄(Ockam) :
1) 인식에는 감각적 직관 혹은 내적 반성적 직관 이외에는 필요치 않으므로 사물에 내재하는 자연적 형상과 인간의 능동적 이성을 상정할 아무런 근거가 없다고 주장.
2) 따라서, 우리의 인식이 추상작용을 통해 일반 관념이나 표상을 형성한다고 하지만 일반 관념은 정신의 대상으로서의 실재성만을 지닐 뿐, 실재 사물계에서는 인정되지 않는 것이라고 주장.
3) 만약 보편 개념이 실재한다면 창조에 앞서 신의 마음 속에 보편 개념으로 존재했을 것이고, 그것은 곧 신의 의지를 속박하는 결과가 되어 신의 자유로운 창조와 모순되는 것이라고 보았다.

온건 실재론

토마스 아퀴나스 : 온건 실재론을 정식화함.
1) 존재를 본질과 실존의 유비적 합으로 이해함 – 실재론과 유명론의 양극단을 지양함.
2) 실재적 존재는 실존과 본질의 두 필연적 내적 구성원리의 합이므로 본질 그 자체로는 보편도 개별도 아니고, 보편과 개별을 매개하는 중재원리라고 한다.
3) 토마스 입장에서의 관념론자와 유명론자 비판
- 극단적 관념론자 : 존재를, 실존을 배제한 본질의 측면에서 일의적으로 파악.

- 유명론자 : 실존의 일의적 개념으로 존재를 파악하여 양자는 각기 본질의 자기 동일성이라는 추상적 보편개념과 개별자의 자기동일성이라는 추상적 개별자 개념에 빠졌다.
4) 보편자가 이데아로 존재하며 종의 모든 구성요소 속에서는 구체적이고 개별적인 본질로 사물 내에 존재하고, 개체로부터 보편 개념을 추상화한 후에는 정신 내에 존재한다고 주장.
※ 토마스는 보편 논쟁에서 실재론과 유명론의 양극단은 잘못된 존재이해에서 기인하는 것으로 보았다.
※ 토마스 철학의 의의 : 그는 실존과 본질의 두 원리의 유비적 합으로 존재를 이해하여 범신론, 불가지론, 회의주의에서 벗어나 긍정과 부정, 그리고 탁월한 방법으로 인간을 앞서가는 신에 대한 학문을 가능케 했다.

···PAKEBI'S NOTE OF PHILOSOPHY

04. 근세 철학

근세의 인식론 : 지각과 지식
데카르트 철학 정리
데카르트 철학의 역사적 의미
스피노자의 철학
라이프니쯔의 철학
로크의 철학
버클리의 철학 요약
흄 철학의 이해
칸트 철학 요약
칸트의 현상 존재론
헤겔 철학의 이해

••• 근세 철학
근세의 인식론 : 지각과 지식

인식론적 이론들
○ 합리론과 경험론은 다음의 두 견해에 있어서 중요하게 견해차를 보인다.
  (1) 관념(idea)의 기원에 관하여
  (2) 필연적인 지식에 관하여

관념(idea)의 기원에 관한 입장 차이
《합리론(rationalism)》
○ 합리론의 입장.
 – 우리의 많은 관념들은 감각 경험으로부터 나온다.
   하지만 그러한 관념들은 불명확하고 혼합되어 있다.
   이런 관념들은 우리가 세계를 이해하고 앎을 획득하는데 중요하지 않다.
 – "명석 판명한 관념"(데카르트)
  : 원인과 결과, 실체와 속성, 수학의 관념들과 같은 추상 관념들
    예) 동일성, 수, 직선
 – 이러한 관념들은 신이 우리에게 본유적으로 심어준 것이다.

(데카르트)

※ 현대 심리학자 : 깊이를 지각하는 능력은 본유적이다. 하지만 신이 심어준 것은 아니다.

- 데카르트 이전의 합리론 : 플라톤의 이데아론이 있다. 이에 따르면 지식은 이상적인 형태에 관계하며 감각 경험은 지식이 되지 못한다.

○ 공리적 방법 - 직관과 연역

- 참다운 지식 : 직관적으로 명석 판명한 것에서 출발하여 연역적으로 도출된 것.

　⇦ 감각 경험은 종종 우리를 속인다. 그래서 믿을만하지 못하다.

○ 방법적 회의 : 절대적으로 의심불가능한 것을 찾고자 한다. : 아르키메데스의 점.

- 개별적인 것에 대한 회의 : 감각적 지식-꿈의 가설을 통해 확실성에 대해 회의한다. 환상에 의한 논증을 하기도 한다.

- 보편지에 대한 회의 : 연장(뻗어있음), 모양, 수, 공간, 시간 - 전능한 악마가 순간순간 나의 논리적인 사고를 속일 수 있다고 가정한다.(전능한 악마의 가설)

○ "나는 생각한다. 그러므로 나는 존재한다."

- 이것은 직관적인 명제로서 명석하고 판명하다.

○ 본유 관념론

- 관념에는 세 종류가 있다. : 외래 관념, 허구 관념, 본유 관념.

1〉 외래 관념 : 감각을 통해서 얻어진 관념. 외부에서 얻어진 관념.

2) 허구 관념 : 상상을 통해서 얻어진 관념. 근거 없는 생각.

3) 본유 관념 : 선험적인 것, 사유하는 능력에서 기원하는 관념.

예) 신, 수학의 법칙들, 윤리적 명제들.

○ 라이프니쯔의 감각론

 - 우리가 가지고 있는 모든 표상들은 본유 관념이다.

 - 감각이란 무의식적인 사유를 말한다.

 - 이성의 사유는 감각이 가지는 잠재적인 씨앗을 전개하여 의식적으로 인식한다.

《경험론》

○ 경험론의 입장

 - 우리의 모든 관념들은 경험으로부터 나온다. : 여기서 경험은 감각 경험과 반성을 포함한다.

 - 하지만 경험자 자신이 경험한 관념만을 형성하는 것은 아니다.

1) 경험에서 직접적으로 주어지는 관념들이 있고,

2) '인어' 나 '원자' 와 같이 구성된 관념들이 있다. - 이런 관념들은 직접적인 경험에서 도출된 것이며, 직접적인 경험으로 나누어 분석될 수 있다.

 - 우리의 마음을 "백지 종이"로 생각한다. : 우리의 마음은 감각 기관을 통해 외부 세계로부터 인상들을 취한다.

(1) 로크의 경험론

○ 백지설

 - 합리론자들이 가정하는 본유 관념설에 반대하는 백지설 주장.

- 우리의 지식은 감각 경험에서 유래한다.
- 경험은 오관을 통한 감각 경험과 마음 속의 여러 현상인 반성으로 구분된다.
- 복합 관념은 단순 관념의 조합에 의해 생긴 것이다.

○ 제 1 성질과 제 2 성질의 구분
- 제 1 성질 : 크기, 모양, 운동, 정지 등 사물이 가지고 있는 객관적 성질.
- 제 2 성질 : 색, 맛, 향기 등 우리의 주관에 따라서 다르게 감지될 수 있는 성질.

○ 지식의 확실성과 범위
- 마음 밖에 있는 사물을 직접적으로 파악하기 힘들다.
- 관념을 통해 간접적으로 접한다.
- 인식이란 두 개의 관념의 일치 또는 불일치에 대한 지각이다.
- 진리란 두 개의 관념의 올바른 결합 또는 분리를 말한다.

(2) 버클리의 관념론

○ "있다고 함은 지각되어 있음을 말한다."
- 물리적 대상의 실재를 부인한다.
- 제 1 성질도 제 2 성질과 마찬가지로 주관적이다.
- 물리적 대상이란 관념들의 다발에 불과하다.

○ 신
- 우리가 지각하지 않을 때도 신의 마음은 계속 지각하고 있다.
 ; (버클리의 주장에 따르면) 우리가 생각하지 않을 때나 잠들었을

때 사물이 모두 사라졌다가 우리가 생각할 때 다시 나타난다는 말이 되므로 이런 문제점을 피하기 위해서 신의 지각을 끌어들인다.
⇨ 우리가 생각하지 않을 때도 사물은 존재하게 된다.

(3) 흄의 관념론

○ 인상과 관념 – 마음의 내용

　생생함과 강렬함의 차이

○ 마음의 작동 – 관념 결합의 법칙

　마음이 관념을 결합할 때는 다음의 세가지 법칙에 따른다.

　1) 유사성

　2) 시공적 인접성

　3) 원인과 결과 – 습관과 믿음에 의한 것.

○ 자아의 동일성 부정

　유사성을 파악하는 행위자(agent)를 부정하게 된다.

2. 필연적인 지식에 관한 입장 차이

– 선험적인 명제와 경험적 일반화 명제

1) 선험적인 명제 :

　2+2=4 와 같은 수학적 명제.

　감각 경험에 의존하지 않고 필연적으로 참임을 알 수 있다.

2) 경험적 일반화 명제 :

　모든 금속은 열을 받으면 팽창한다" 와 같은 명제.

　관찰과 실험에 의존한다.

참이 우연적(contingent, not necessary)이고 후험적
(a posteriori)이다.
- "선험적인 종합 명제가 있는가?"
즉 위의 명제는 단지 문장의 의미에 의해 참이 결정되는 것인가 아
니면 세계 내에 있는 대상들에 대한 언급 때문에 참이 되는가?
   1) 합리론 : 어떤 필연적인 지식은 종합적이다.(분석적이지
      않다.)
   2) 경험론 : 모든 필연적인 지식은 분석적이다.
※ 두 이론 모두 지각의 표상 이론을 근거로 하고 있다는 공통점이
   있다.
- 분석성
분석 명제란 그것의 참이 단어들의 의미로부터 필연적으로 따라
나오는 명제.
예) "총각은 결혼하지 않는다.", "삼각형은 세 변을 갖는다."
  "총각"=(정의에 의해) 결혼하지 않은 남자.
  "삼각형"=(정의에 의해) 세 변을 가진 도형.
- "선험적 종합 명제가 있는가?", "분석적이지 않은 필연적 진리
  가 있는가?"
경험론은 이를 부정하고 합리론은 긍정한다.
- 합리론자가 드는 선험적 종합판단의 예들.
  "약속을 어기는 것은 잘못이다."
  "모든 사건은 원인을 갖는다."

수학의 공리들과 정리들.

- 산술의 명제들은 분석적인가, 종합적인가?

〈합리론자의 주장〉

  1) "2+2=4"에서 "4"는 "2+2"를 의미하지 않는다.(분석적이 아님)

  2) 세계의 모든 대상들에 적용가능하므로 세계에 관한 정보를 제공한다.(종합적이다.)

〈경험론자의 반론〉

  1) 에 대해 : "4"는 "2+2"를 의미하지 않지만 "4" 자신은 "1+1+1+1"로 분석가능하다. (successor 함수 개념 이용)

  2) 에 대해 : "2+2=4"는 세계의 모든 대상들에 적용되는 것은 아니다.

예) 2리터의 물과 2리터의 알콜을 섞으면 4리터가 되지 않는다.

- 기하학의 명제들은 종합적인가? - 데카르트와 칸트에게 있어 중요하다. (이들에게 기하학의 명제들은 종합적이다.)

  "육각형은 12변을 갖는다."

  "삼각형의 내각의 합은 180도이다."

⇨ 비유클리드 기하학의 발견으로 선험적 종합 명제라고 보기 힘들게 되었다.

••• 근세 철학

데카르트 철학 정리

개괄

O 데카르트 철학의 목표

   1) 철학체계를 수학과 기하학에서처럼, 명석하고 일관성있게 만드는 것.

   2) 신의 존재를 증명하는 것.

   3) 정신과 물체의 독자성을 증명하는 것.

   ⇨ 전제 : ① 철학 : 뿌리까지의 철저한 환원 작업

   ② 학문의 전형 : 수학의 방법 - "직관+연역"

O 데카르트의 사유과정

   1) 자기자신(=자아, 의식, 정신)의 존재와 본질 입증.

   2) 신의 존재와 본질 입증

   3) 물체의 존재와 본질 입증

「성찰」의 시작 (제 1 성찰)

O 시작 이유 : 지금까지의 모든 지식을 근본에서 반성하고, 불변의 제 1 원리를 찾아 그 기초를 확립하기 위해

O 출발점 : '방법적 회의' - 참다운 인식을 얻기 위한 방법으로서

의 회의.

학적 인식의 확고 부동한 제 1의 토대를 정립하기 위한 회의 (회의 보다는 '성찰' 의 의미)

  i) 감각적 인식을 회의 (부정) : "감각은 나를 속인다". 즉 착각이 일어난다.

  ii) 꿈의 현상 : 외부세계의 실재를 회의 – 꿈과 현실이 구별 안 된다.

  iii) 비감각적 대상, 즉 수학의 진리도 회의 : 나쁜 신을 가정함.

"Cogito, ergo, Sum" (제2성찰)

○ "확실한 어떤 것, 부동의 아르키메데스의 점은 없는가?"

  '의심하고 있는 나', '착각하는 나', '속임을 당하는 나' 도 의심스러운가?('육체로서의 나' 라면 의심스럽다. 육체는 감각적 대상이므로)

  즉, 모든 것이 의심스럽다고 생각하는 나는 존재해야 한다.

  '나'는 오해하고 착각하고 속을 수도 있지만, 그 주체인 '나'는 존재해야 한다. 내가 생각하는 한에서 나는 존재한다.

○ "cogito, ergo sum"의 특징들

  "ergo"에는 어떠한 추론 과정도 없다.

  즉, 모든 생각하는 것은 존재한다. – (대전제)

      나는 생각한다. – (소전제)

즉, 나는 존재한다. - (결론)의 추론을 통해서 도출된 것이 아니다. 나는 생각하면서 동시에 존재하고 있는 것으로서의 나를 본다. 이는 '직관'에 의해서 파악된 것이지, 추론에 의해 파악된 것이 아니다.

학적 인식의 두 가지 방법

1) 직관 : 오로지 이성의 빛에서 생긴, 순수하고 주목하는 정신에 의해 의심할 여지없이 파악된 것. 의심의 여지가 없는 명석판명한 순수지성활동 또는 지적 통찰.
2) 연역 : 확실한 인식(직관)으로부터 필연적으로 도출되는 인식
3) 명석판명한 인식 - 진리의 기준, 보편적 규칙, 직관에 의해 인식된다.
- 명석함 : 주목하는 정신에 현재하고 있고 명백한 인식
- 판명함 : 명석함을 전제로 여타의 다른 인식들과 구별되고 분리되는 인식.

의식의 철학

"ego cogito, ergo sum"
└─ 순수 의식으로서의 나 (하지만, 아우구스티누스와 데카르트는 감각 경험적인 나를 염두에 두었다.)
'나'의 본질
나는 생각하는 존재, 의식하는 존재.

"나 = res(실체) cogitans(속성)"(생각하는 것)

비교) ego cogito : 사유작용에는 사유의 대상이 있음

  1) 의식(대상의식) : ego(주체) – cogito(내용) – cogitans(대상)

  2) 자기의식 : ego – cogito – me – cogitare – cogitans

(통각) 순수의식구조(나와 너의 순수의식구조는 같다.)

〈신존재 증명(제3성찰)〉

의식의 내용

  ① 관념(가장 기초적인 단위)

    1〉 본유관념 : 무한실체 관념, 유한실체 관념, 명석판명함,
                  진리 – 확실

    2〉 외래 관념 ┐
              ├ 불확실, 믿을 수 없음.
    3〉 자작 관념 ┘

  ② 의지, 감정 ┐
             ├ 바탕에 반드시 '관념'이 있다.
  ③ 판단 ────┘

※ 안셀무스의 존재론적 증명(데카르트는 인정함)

    신은 관념상 최고의 완전 존재자이다. – 대전제

    최고의 완전 존재자라는 관념에는 존재도 포함된다 – 소전제
    ─────────────────

    그러므로, 신은 존재한다.

↪ 칸트의 반박 : 사물에 대해서는 본질과 존재를 구분해서 말해야

하고 어떤 것이 완전한지 불완전한지에 관한 물음은 본질에 관한 이야기이지 존재에 관한 이야기가 아니다. 존재하지 않는 것에 관해서도 본질을 이야기할 수 있다.

〈데카르트의 신 존재 증명 논변〉
- 명석 판명한 인식만이 참이다.
- 명석판명한 인식의 내용으로서 신의 관념이 있다.
- 원인없이는 아무 것도 있을 수 없으므로, 우리 의식 내에 있는 신의 관념이 내용을 있게 한 원인이 있다.
- 원인의 내용이 그 결과인 신의 관념의 내용보다 크거나 같아야 한다.

신의 관념은 무한하고 완전독자적이고 전지전능하다.
- 이러한 신의 관념의 원인은 나 자신일 수 없고, 나 자신 안에 있는 어떤 관념일 수도 없다. (나는 전능하지 못하므로, 그러한 관념을 만들 수 없다.)
- 신의 관념을 만든 원인은 나 자신도, 내 의식 내에 있는 어떤 것도 아니고 나의 밖에 있는 어떤 것이어야 한다.

그러므로, 신은 나의 의식 외부에 존재해야 한다.

○ 데카르트 신 존재 증명의 특징
- 증명결과 그의 의도를 달성하지 못했다. 즉 "인격적인 신"을 증명하지 못했다.

- "신은 나의 존재의 지주가 된다" (순환적 성격)

나의 존재 확인 → 신의 존재 확인

근거

ㅇ 물체의 존재와 본질
- 물체의 존재 증명 :

    우리의 의식은 어떤 사물은 단지 의식 내에 있는 관념이 아니라, 의식 밖의 어떤 것에서 유래한다고 생각한다.

    이 의식은 매번 동일하다.

    신은 우리를 속이지 않으므로, 그런 의식이 잘못된 것이라 생각할 수 없다.

    그러므로, 외부에 우리 자신과 구분되는 물체가 존재한다.
- 물체의 본질: "연장"(뻗어있음)

ㅇ 데카르트의 실체
(1) 실체의 정의
- 아리스토텔레스-스콜라적 정의 : 실체란, 그 본성에 의해서 다른 것 안에 있을 수 없는 것이다.
- 데카르트의 정의 : 존재하기 위해서, 다른 그 어떤 것도 필요로 하지 않는 그런 방법으로 존재하는 것.

○ 실체의 구분

　무한실체 : 신 – 엄격한 의미의 실체

　유한실체 : 정신과 물체

○ 데카르트의 철학사적 영향

　수학적 자연과학의 진리성 옹호 – 수학을 근세 학문의 전형으로

　만듦 (비교. 후설 : 정밀학 ↔ 엄밀학)

••• 근세 철학

데카르트 철학의 역사적 의미

subjectivism의 선구자

'나'에 대한 의식, 인식을 인식론의 출발점으로 설정. 주관주의 관념론, 유아론의 시작.
- 고대 중세 : 객관적인 것과 현실적인 것, 외부 세계가 먼저 주어진 것.
- 데카르트 이후 : 객관에 대한 주관의 초월에 대한 내재의 우위 및 확실성 인정.

철학적 인간학의 탄생

'나'(자아)에 대한 연구가 시작. 철학의 중심적 관심사에 인간을 위치시킴.

심신상호작용설

영혼과 신체의 문제에서 이원론 사상의 이론적 토대가 되었다. 물질과 정신은 각 개별 실체로서 상호무관, 상호매개가 필요.
⇨ '송과선'

장점 : 정신의 자발성을 확보하면서, 물질 세계는 기계적 · 인과적
　　　으로 설명할 수 있다.
- 하지만 이론상의 난점으로 이후 '기회 원인론', Spinoza의 철
  학을 야기 시킴.

인식론으로의 전환

중세 형이상학을 인식론이 대체하게 됨. 모든 철학이 인식론에 의존하게 됨. 감각 지각의 의미, 개념(관념)의 기원, 학문과 진리의 본질을 문제 삼음.

이성론(이성주의)의 시조

존재 전체를 이성적으로 통찰할 수 있다는 신념.
하나에서 다른 하나를 이끌어낼 때 요청되는 질서를 지키기만 한다면, 우리들이 인식할 수 없도록 멀리 떨어져 있는 인식도 없고, 발견하지 못하도록 감추어져 있는 인식도 없다.

••• 일러두기와 개략

스피노자의 철학

○ 스피노자의 철학적 작업들은 "최고의 선"을 얻으려는 노력
'영원한 것(최고선)'이 무엇인가란 물음은 형이상학적 관조에
의해 획득 : 형이상학적 관조의 방법 = 인식론 (⇨ 여기에서
시작)

○ 유일실체로서의 '신' 또는 '자연'
무엇이 존재하는가? – 존재하는 것은 '실체'거나 '속성'이거
나 '양태'이다.
존재하는 것이 있는데, 그렇다면 그 근원은 반드시 있어야 한다.
그 근원은 그 자신을 넘어서 어떤 것도 지시하지 않는다. 그것
이 근원인 한 그것은 다른 근원을 필요로 하지 않는다.

○ "실체" = 자기 원인
자기가 자기 자신의 원천인 근거(causa sui)
실체란 자기 자신 안에 있으면서 자신을 통하여 파악되는 것,
즉 그것의 개념이 그것에서 형성되어져야 할, 다른 사물의 개념
을 필요로 하지 않는 것.

실체가 비존재다 ⇨ 자기 모순

실체가 자기 원인이라고 하는 것은 그 본질이 자기 안에 존재를 포함한다는 말. 신, 즉 존재 자체에서는 essentia와 existentia가 구별되지 않는다. (Anselmus와 같은 생각)

○ 속성

지성이 실체의 본질을 이루는 것으로 인식하는 것.

사유와 연장 - 인간이 실체에 대해 파악할 수 있는 속성.

양상 : 실체의 변용, 타자 안에 있으면서 타자를 통해 파악되는 것.

ex) '이 꽃', '저 나무', 개별적 사고 방식(분노, 기쁨).

○ 데카르트 비판

데카르트가 '정신'과 '물체'를 실체라고 했을 때 이는 자신의 정의를 이탈하는 것이다.

실체 - 자족하는 것은 하나 밖에 없다.

동일한 속성의 두 실체가 존재할 수 없다. - 상호제약을 하므로. 그러므로 서로 다른 속성의 두 실체가 존재할 수 없다. - 상호 부정을 하므로.

즉, 실체는 오직 하나이고, 반드시 있어야만 한다.

"실체" = "신" = "자연" : 그 의미들.

신이란 절대적으로 무한하게 존재하는 것, 영원하고 무한한 본질을 표현하는 무한한 속성으로 이루어진 존재.

○ 신은 존재한다 – 우주론적 증명. "명증적"이다.
　내가 존재하므로, 무엇인가가 존재한다는 것은 확실.
　나의 현존은 지나가는 것, 우연적인 것.
　우연적 존재는 그 존재근원을 다른 것에서 구해야 함(소급 시작)
　'자기 원인' 까지 소급 : 자기 원인은 타자에 의해서가 아니라, 자기 자신에 의해 존재.

○ 신은 무한하다
　실체가 무한하지 않다면, 다른 것에 제약받거나 의존해야 함.
　즉, 그 속성에 있어 무한하다.
　하지만 인간은 '사유' 와 '연장' 의 두 속성만 인식한다. (인간의 한계이지 신의 한계는 아니다.)
　"신의 초월성" : 자연초월적이 아니라, 인간 지성을 초월하는 것이다.

○ 신은 불가분이다.
　실체가 부분으로 나뉜다면, 그 부분은 실체의 본성을 보유하거나 보유하지 않거나이다.
　동일한 속성의 여러 실체가 존재 모순

속성을 상실한 존재 ⇨ 실체가 아님.

즉, 신은 가능성, 현실성으로 나누어질 수 없고, 무한한 신의 속성 중에 나눌 수 있는 것은 아무 것도 없다.

○ 신은 유일하다.

신은 하나의 절대적으로 무한한 실체로 전체인 하나이다.

신은 규정불가능, 표상불가능한 존재이다.

종래의 신관은 의인적이며, 신을 인간에 빗대어 말하는 것은 신에 대한 잘못된 규정이 된다.

인격신 개념의 허위성 강조 - 일종의 '자연신' 사상

○ 신을 대신하는 말로서의 '자연' = '능산적 자연'

능산적 자연(natura naturans) - 낳는 자연

소산적 자연(natura naturata) - 낳아진 자연

자연은 어떤 의미로는 일정불변하나, 어떤 의미로는 끊임없이 변화
      [운행법칙]   [그때 그때의 법칙]

○ 이신론(理神論)

"우주의 삼라만상이 모두 신"이다는 범신론은 아니다. (왜냐하면, 소산적 자연이므로)

스피노자의 신은 '자연의 이법'(logos)과 같은 것 - 이신론에 가까움.

⇨ 정신과 물체에 대한 견해

데카르트의 견해 비판 - 정신과 물체는 실체가 아니라 신의 속성.

사유, 연장은 신의 무한한 속성 중에서 유한 존재, 인간이 인식할 수 있는 것.

"생각하는 실체와 연장적인 실체는 동일한 실체" - 두가지 해석

- 양면 이론 : 하나의 실체를 사유의 관점, 연장의 관점에서 바라본 것.
- 심신평행론 : 관념의 질서와 결합과 물체의 질서와 결합은 상호평행적.

전제 : 관념의 질서와 결합은 사물들의 질서와 결합과 동일하다.

○ 지식의 세가지 종류

1) 감각에 의한 사념 : 감각에서 기원한 것을 토대로 한, 상상력에 의한 억측들(생활에 유용)
2) 이성지 : 보편개념과 사물들의 속성에 대한 완전한 표상으로부터 얻은 추론에 의한 지식 - 추론 과정을 거치므로 오류가능 (과학적 지식)
3) 지성에 의한 직관지 : 모든 존재의 전체계에 대한 포괄적, 직관적 인식(도달하기 어려우나, 그 때에야 인간의 행복 달성).

••• 근세 철학
라이프니쯔의 철학

○ 모나드(Monad)

(1) 모나드의 본질 규정.

하나, 동일성, 단순함. (실체는 단순하다 = 나누어지지 않는다.)

모나드는 연장이 없다.

물체는 단자들의 집적물이다. 모나드는 물체를 성립시키며, 그 기초이고 실체이다. 자연물의 "참된 원자"이다.

- 원자론자들과 다름 : 원자는 물질이기 때문에 가분적이나, 단자는 최소의 물질적 단위가 아니다. 단순 실체로의 단자는 물체의 분할에 의해 얻을 수 있는 최소 단위가 아니다.

※ 데카르트 비판 : 연장적 실체도 실체라 부르고, 길이, 무게, 위치, 가분성을 제시했으나, 이는 데카르트가 "실체"를 잘못 이해한 것이다. (왜냐하면 실체는 절대가분적일 수 없기 때문.)

물체의 본성은 '연장성'이 아니라 '힘'이다.

- 데카르트와 다른 점(당시 물리학과 다른 점)

모나드는 '형이상학적 점'이다.

수학적 점처럼 연장성이 없고, 물리적 점처럼 실질적이다.(힘이 있다.)

(2) 모나드는 창이 없다.

모나드는 실체로서 다른 것에 의존하지 않고 자족성을 가진다. 모든 모나드는 근원적 단자(신)에만 의존하지, 서로 의존하지는 않는다.

(3) 모나드의 운동.
    ① 자연물의 변화(생성, 소멸)는 단자들이 언제 복합되고 해소되느냐에 따라 이루어진다.
    ② 복합물을 이루는 단자 하나하나는 자기운동한다. 즉 자기자신의 내적인 원리에 의해서 운동한다.
    ③ 단자의 생성, 소멸은 근원적 단자(신)에 의해서만 가능하다.(창조에 의해서만 가능하다.)

비교) 뉴튼 역학과 상반됨.
- 뉴튼 : 물질적 운동은 외적 원인에 의해서만 야기됨.
- 라이프니쯔 : 단자의 내적인 원리에 의해서 운동.
⇨ 헤겔에 영향 : 변증법적 운동은 내적 원인에 의한 운동.

(4) 단자들의 개별성
    ① 단자들은 다른 단자에 대해 의존적이지 않다.
    ② 그러나, 각각의 단자들의 성질은 서로 다르다. – "개별성의 원리"
    ③ "개별화의 원리" – 각 단자들의 개별성은 단자가 끊임없이 자기 자신을 개별화시키는 데에서 확고해진다. 단자들은 끊

임없이 자신의 모습을 바꾼다.

④ "절대적 특수화의 원리" – t_1에서의 단자의 모습과 t_2에서의 단자의 모습은 다르며, 단자들의 한 상태는 반복가능하지 않다.

⑤ 그런, 특수한 상태는 서로 다르지만, 그 상태는 단자에 속하는 것이므로 그 단자의 성격을 반영한다.(동일성 유지) 그러므로, 모나드는 다수를 포함하는 단일성을 지니고 있다.

⑥ 지각(perception) : 단자의 그때 그때의 표출 상태.

지각은 단자의 내적 활동원리에 기인한다.

욕구 : 한 지각에서 다른 지각으로 넘어가게 하는 내적 원리.

무의식적 사물에도 "지각"이 존재한다.

데카르트 반대 – "단자들은 모두 창조된 것으로, 의식적 상태나 무의식적 상태에는 질적 차이가 없다".

⑦ 모든 사물에 대해 "살았다", "죽었다"는 말은 의미가 없다.

⑧ 하지만 "지각의 명료성"에 따라서 종류가 나뉘어진다.

1) 소박한 단자 : 저급한 단자, 무기체적 세계를 구성하는 실질적 토대가 되는 단자.

2) 생물의 단자 : 식물 동물의 광합성, 감각, 기억 등의 토대가 되는 단자.

3) 정신적 단자 : 이성적 영혼, 인간의 실체적 토대를 이루는 단자. 즉 의식, 자기의식, 신의식, 이성과 학문을 소유한 단자. 모든 경험적 인식의 토대 (J. Locke와 대립)

※ 라이프니쯔 : 사물본성에 관한 탐구는 우리 정신의 본성에 관한 인식이며, 우리 밖에서 찾을 필요가 없는 본유 관념이다.

○ 이성적 영혼이 가진 인식의 최고 원리
- 모순율 : 수학의 바탕
- 충족 이유율 : 자연과학의 바탕

　모순율 : "어떤 것이 존재하면서 동시에 존재하지 않는 것은 불가능하다."
　충족이유율 : "그것에 대한 충분한 이유없이는, 어떤 사실도 참되다고, 존재한다고 증명될 수 없고, 어떤 진술도 진실이라고 증명될 수 없다."

$$\text{"신"} = \text{"근원적 단자(Vrmonad)"}$$

○ 유일신의 입증
　1) 모든 존재자에는 충분한 이유가 있어야 한다.
　2) 우주에 존재하는 모든 존재자들에게는 동일한 원리가 있어야 하며, 이 존재자들은 모두 우연적 존재들이다.
　3) 이 우연적 존재들을 가능하게 하는 최고 근거가 있어야 한다.
　4) 그 최고 근거는 우연적 존재들 밖에 있어야 한다.
　5) 그것이 바로 "신"이다.

○ 신의 본질

이 근원적 실체인 신은 모든 것을 다 포섭하며, 이것에 독립되어 있는 것은 아무 것도 없다.

신은 모든 가능한 실질성을 포함한다. 신은 최고의 실질 존재이다.

신은 어떤 제한, 규정, 결여가 없다.

○ Monad와 Vrmonad와의 관계.

창조된 단자들은 그 존재와 본질의 근원을 창조자의 의지 안에 가지고 있으므로, Vrmonad는 각 단자의 근원임에 틀림없다.

창조된 단자들 사이에는 완전성의 정도차가 있다. 이는 각 단자들이 신과는 달리 제한되어 있고, 불완전하다는 것을 뜻한다.

단자의 불완전성은 각각의 결여성에서 기인하는 바, 이 결여성은 각각의 본성에 기인한다.(이 결여의 정도는 각각 다르다.)

"이 세계는 신이 창조할 수 있는 가장 완전한 세계"

세계를 구성하고 있는 단자들의 결여성이라는 관점에서 이 생각은 모순인 듯이 보인다. 하지만 가능한 세계 중 가장 완전한 세계는 그 세계의 존재자들이 각기 완전하다는 것을 의미하지 않는다.   ⇨ 만약 그러한 것을 의미한다면 이 세계에는 신만이 존재할 것이다.

가능한 최선의 세계는 가능한 한 좋은 질서에서 가능한 한 많은 다양성이 통합된 것을 의미한다.('가능한 최선'은 상대적인 개념이다.)

○ 신의 자유의지

피조물에 드러나는 결여성은 신의 창조사상 안에 그 근거를 가지는 형이상학적인 필연성이다.

정도상의 결여를 부인하면, 결국 신이라는 것은 최상의 것을 자유로이 선택하는 것이 아니라, 필연적인 것이 된다. 즉, 신이 선하고 전능하다는 것이 신이 만드는 모든 것이 완전하다는 것을 의미한다면, 신이 제약되어 있음을 뜻하게 된다.

즉, "결여성"은 신이 자유를 가지고 있다는 증거가 된다.

○ 세계의 예정된 조화 = 예정 조화설

창조된 단자들은 각기 실체로서 독자성을 가지며, 상호 아무런 영향을 주고 받음이 없이 각기 자기의 욕구에 따라 운동할 따름이지만, 세계 전체를 신이 창조할 때 신은 적절성의 원리를 따라 가능한 것 중 가장 좋게 이 세계를 창조한 까닭에, 단자들 각각은 모두 세계를 표현하는 소우주로서 상호간에 적절성을 유지하며 조화롭게 운행하고 있다.

••• 일러두기와 개략

로크의 철학

로크 인식론의 성격

로크의 인식론은 칸트(인식의 가능조건 탐구)와는 달리, 인식의 과정까지도 설명하는 "심리학"이라 할 수 있다.

(1) 전제 : 인간의 마음은 누구나 똑같다.

「인간 지성론」의 주된 물음.

인간의 지성이 도달할 수 있는 참된 인식이 무엇인가?

인식의 기원은 어디인가? "경험"

인식의 대상은 무엇인가? ┐
인식의 내용은 무엇인가? ┘ "표상", "관념" ⇨ 표상론, 관념론

(2) 인식론의 성격

참된 인식의 의미에 대한 답 : 모사설, 대응설.

인식의 한계에 대한 답 : 불가지론(대상 자체에 대한 인식 불가능) 하지만 존재하는 것을 인정하는 입장 : 실재론

(3) 로크의 "외적 사물에 대한 인식" : 설명과 문제들

1) 외적 사물에 대한 인식

외적 사물(실체, real thing)이 우리 마음에 관념을 불러 일으키고 이 관념의 매개를 통해 외적으로 실재하는 사물에 대한

인식에 도달한다. ⇨ 표상설.

: 실재하는 사물이 감각적 성질을 가지는 관념을 제공하면 마음은 지성에게 지성이 조작하게 될 관념을 제공하고, 이 지성의 기능을 통하여 실재하는 사물이 인식된다.

2) 설명되어야 할 문제들

① 실재하는 사물이란 무엇인가?

② 마음이란 무엇인가?

③ 관념(idea)란 무엇인가?

④ 인식(지식, knowledge)이란 무엇인가?

3) 로크의 결론

인식에 있어서 관념은 외적 사물에 의해 야기되는 것이고 이 관념만이 인식의 직접적인 대상이다. 따라서 외적 사물은 간접적 대상이 된다.

"마음(mind)"의 성격

(1) "백지(tabula rasa)" 이론

외적 사물에 의해 표상이 주어지기 전에는 마음 속에 어떠한 관념도 찍혀있지 않다. 마음은 그 자체로는 어떤 성격도, 어떤 관념도 없는 "백지"이다.

(2) 데카르트의 "본유관념" 비판

마음에는 그 어떤 "본유관념"이나 원리가 없다.

동일률이나 모순율 같은 것도 보편적으로 누구나 가지고 있는 원리가 아니다.
- 논거 : 만일 그러한 것이 선천적으로 주어져 있다면, 만인에게 공감을 주어야 하고 어린아이나 백치도 알아야 한다. 그러나 실제에 있어서 그렇지는 않으므로(예외가 있으므로) "선천적"인 것이 아니다.

※ 로크가 데카르트의 철학을 오해한 소지
: 이성론자에게 있어서 본유관념이 보편적으로 참이라는 것은, 모든 사람이 동의하기 때문이 아니라 그것 자체로 자명하기 때문이다.

인식내용의 두 출처

(1) 감각(sensation) : 외적 대상들로부터 감각기관을 통해 전해오는 것.

(2) 반성(reflexion) : 외적 감관과는 구별되는, 우리 자체 안에서 우리가 의식, 관찰하는 마음의 여러 작용(반성의 기관 = 내적 감관에 의해 수행됨).

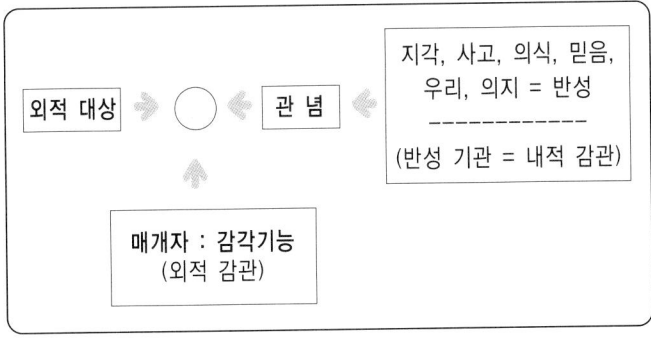

그러나 인식과 이성의 재료는 모두 (외적-내적) 경험에서 얻는다. 즉, 반성의 내용도 어느 땐가 감각된 내용이어야 한다.

　(3)"관념(idea)" - 감각과 반성의 결과물.

1) 관념의 성질

　관념 - 감각과 반성의 결과로 마음 안에 일어난 것.

- 관념을 생기게 하는 '힘'은 주체(대상) 안에 있는 성질.

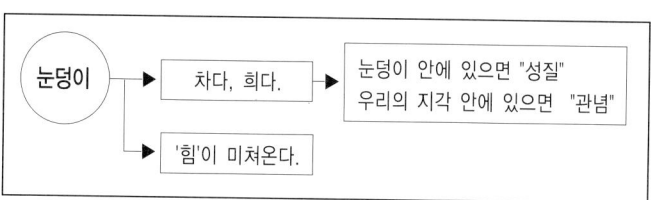

2) 성질의 종류

　① 1차 성질 : 물체에서 전혀 분리될 수 없고, 물체가 어떤 변화·변경을 받더라도 물체가 지속적으로 보존하는 것. 원본적 성질 (예) 고체성, 연장성, 행태, 정지, 수

　② 2차 성질 : 사실에 있어서는 대상들 자체에 있는 어떤 것도 아니면서, 물체의 1차 성질에 의해 우리 안에 감각을 만들어 내는 힘. (예) 색, 소리, 맛

　　따라서, 다수결로만 그 참을 결정할 수 밖에 없다.

　③ 3차 성질 : 동일한 1차 성질에 의한 것이지만, 이전에 감각할 수 없었던 것을 일으킴.(예) 불

3) 관념의 종류

① 단순 관념 : 우리 마음에 직접 주어지는, 명석 판명하게 지각되는 것, 단일한 현상이며 일회적이고 직접적이다.

비교) 데카르트와 틀리다. "명석판명"이 감각지각에 대해 사용된다.

② 복합 관념 : 마음에 단순관념들이 쌓이면, 지성은 이것들을 반복, 비교, 결합하며 복합관념을 만들어 낸다.

4) "실체(substance)"의 관념 - 대표적인 복합 관념.

단순 관념을 불러 일으키는 우유적인 것을 담지한, 그러나 사람들이 무엇인지를 모르면서 단지 가정만 하는 것. 우리가 그것없이는 대상의 성질들이 존속할 수 없다고 생각하는 것. 우리가 무엇인지 모르는 어떤 것. 성질의 담지자 = "기체(substratum)"

인식의 종류와 성격

(1) 인식의 종류, 등급.

① 직관적 인식 : 관념들 그 자체에 의해 직접적으로 지각되는 인식 (예) 원은 사각형이 아니다. 흰 것은 검지 않다.

② 추론적 인식 : 관념의 불일치, 일치를 다른 관념의 개입에 의해서 지각하는 인식(논증).

③ 감각적 인식 : 외적 존재자의 성질을 지각하는 인식.

(2) 인식이 참이 될 수 있는 근거.

"이 분필은 희다"가 참인 인식인 근거 - 관념들(인식내용)이 사물 자체와 합치하면 사실적 진리가 된다.

(3) "대응설" : "conformity between our ideas and the reality of things"
(4) 이에 반대되는 견해 : 관념론

관념과 사물을 비교할 기준은 없다. 관념과 다른 관념을 비교할 수 있을 뿐이지 관념과 물 자체를 비교할 수는 없다.

••• 근세 철학

버클리의 철학요약

버클리의 문제 의식

상식 실재론과 표상설의 난점을 간파하고 이 양쪽을 절충하려 함.

- 상식실재론 : 직접 지각되는 사물들은 실재적인 것이다.
- 표상설 : 직접 지각되는 사물들은 마음 속에만 존재하는 관념들 이다.

 즉, 실재하는 사물들은 마음에만 존재하는 관념이다.

 (질료적 관념론)

버클리의 인식론(주장들)

우리의 지식은 경험에 한정된다. 지식의 요소가 되는 것은 감각 경험 뿐.

우리의 지각과 동떨어진 어떤 것도 경험할 수 없기에, 직접 지각되는 것만이 실재적인 것이다.

- 데카르트 비판 : 데카르트의 실체는 경험되지 않은 것.
- 로크 비판 : 그것이 무엇인지 내가 직접 알지 못하는 어떤 것의 실재적 본질은 인식될 수 없는 것이다.

순수 경험 지각에 근거하여 실재의 실체적 개념을 부정하고 다만 감각에 주어진 것으로서의 실재성만을 인정한다.
⇨ 물질적 실체 : 지각되지 않는 것으로서 무의미한 것. 지각된 것은 오직 마음에만 내재하는 관념이다. 그러므로, 존재하는 것은 감각의 복합체, 지각된 성질의 총체이다.
※ 버클리의 대담한 결론 : 실재는 존재하지 않고 지각된 성질만이 존재한다면 사유하는 정신적 존재만이 존재한다. 왜냐하면 지각된 성질은 지각하는 정신에 의해서만 존재하고 독립적으로 존재하지 않기 때문에.

로크에 대한 비판

1) "실체"에 대한 부정
   우리에게 알려지지 않으면서 단지 전제된, 우리가 모르는 그 어떤 것은 없는 것으로 아무 것(nothing)도 아니다. "파란 나무"로 지각되면 그냥 그 뿐이지 그 표상을 일으키는 실체는 존재하지 않는다. 감각을 통한 관념의 명증만이 실재세계에 대한 보증이다. 따라서 "기체"로서의 불변하는 실체가 인정될 수 없다.
2) 1차 성질, 2차 성질의 구분 부정
   형태는 사물 자체에 근거하고, 색깔은 마음에서 나온다.
   (1차 성질)   (2차 성질)

   "모두 실재적이다." – 이런 주장은 전혀 근거 없다.
2) 이러한 버클리의 비판은, 실재와 주관에 의해 파악된 내용을 구별하는 당대 자연과학에 대한 비난이다. (즉, "실재와 경험된 것

의 구분은 의미가 없다.")

3) 단순 관념 – 복합관념의 발생 순서 비판

감각에 의해 인식될 때, "하나의 백묵", "한 그루의 나무"가 직접 지각된다. 즉 복합관념도 직접적으로 발생한다.

(로크가 복합관념이 마음의 능동적 작용에 의해 생긴다고 한 것은 경험론에 철저하지 못한 것이다.)

"esse est percipi" (존재하는 것은 지각된 것이다.)

직접적으로 지각된 것만이 실재하는 것인데, 지각되는 한에서 그것을 생각하는 마음 밖에 존재하는 것은 없다.

버클리의 관념 구분

1) 감각 관념 : 감관에 생생히 찍히는 관념.
2) 반성 관념 : 마음의 여러가지 정념이나 작용에 의한 관념.
3) 기억과 상상에 의한 관념

마음(mind)과 관념(idea)

1) 이원론적인 측면

관념은 마음의 외부에 존재하는 것은 아니지만, 관념과 마음은 구별되는 이질적 존재이다.

2) 일원론적인 측면

마음은 능동적이고 불가분적인 실체이나, 관념들은 자발적인 활동성이 없는 마음에 의존적인 존재.
: 실체를 하나만 인정했다는 점에서 일원론, 유심론.

신 존재 증명

자연의 사물들은 나 또는 다른 사람이 지각할 때에만 존재한다. 그러나 생각할 수는 없다. 즉 자연은 그것을 지각하는 한 유한한 관념의 집합없이도 존재할 것이다. 그러므로 어느 때에나 항상 그것을 지각하는 마음이 있어야 한다.
그러나 이 마음이 유한할 수는 없고 무한해야 한다. 이 무한한 마음이 바로 신이다.

••• 근세 철학
흄 철학의 이해

흄 철학의 목적

흄은 자연과학에 성공적으로 적용되었던 실험적 방법이 인간의 연구에도 역시 적용되어야 한다고 생각했으며, 따라서 "인간학은 다른 학문을 위한 유일하게 견고한 토대이므로, 우리가 이 학문 자체에 줄 수 있는 유일하고 견고한 토대는 경험과 관찰 위에 놓여져야만 한다"고 말했다. 한편 그는 '인성론'에서 인간 본성의 학문이 두가지 방식('쉽고 명백'한 것과 '정밀하고 난해'한 것)으로 나뉜다고 말한다. 그런데 추상적이고 난해한 형이상학적 사색은 어느 곳으로도 인도하지 못하므로, 우리는 학문을 난해한 물음으로부터 벗어나게 하기 위해서, 인간 본성을 정확히 분석함으로써 지성이 그런 문제에 적합하지 않음을 보여야 한다는 것이다.

인상과 관념

그는 우선 로크와는 달리, 인간 마음의 대상은 지각(perceptions)이며, 이것이 다시 인상(impression)과 관념(idea)으로 나뉜다고 주장한다. 그가 인상과 관념의 구별기준으로 제시하고 있는 것은 〈생생함〉인데, 이것은 다시 다음과 같이 표현될 수 있다.

1) 인상은 보통 뚜렷하고 생생한 지각(가령 감각적 지각)이며, 관념은 일단 마음 속에 들어온 인상이 사유나 추리, 기억 등에 의해 다시 나타날 때 생기는 희미한 것이다.
2) 인상은 그것을 모방하는 어떤 관념보다도 원초적이며 시간적으로 선행한다. 이렇게 보았을 때 인상과 관념의 근본적인 질적 차이는 없다.
3) 인상은 마음에 주어지는 것이며, 그것을 지각하는 사람이 완전히 자기 마음대로 할 수 있는 것은 아니지만, 관념은 공상적일 수 있다. 흄은 공상적인 관념을 설명하기 위해 단순지각과 복합지각을 구별한다.

이처럼 우리의 지각(마음의 대상)은 인상이거나 관념인데, 모든 관념은 인상이 있었기 때문에 그 결과로 생긴 것이다. 따라서 흄은 인상이 먼저 주어지지 않는다면 어떤 사유나 정신활동도 불가능할 것이라는 경험주의적 인식론을 제시한다.

관념의 관계(relation of idea)와 사실(matter of fact)

'연구'에서 흄은 인간에 대한 연구의 모든 대상이 두 종류, 즉 관념의 관계(가령 수학)와 사실로 나뉜다고 주장한다. 이 중 수학적 명제의 진리는 존재에 대한 물음과 관계를 가지지 않는다. 즉 그것은 경험적 가설이 아니라 형식적 명제이다. 반면 사실에 있어서의 모든 추리는 인과적 추리인데, 이것은 확실한 지식일 수 없다. 그런데 인간의 지식에서 인과적 추리의 역할을 고려할 때, 우리는 인과관계의 본성과 우리가 인과적 추리에 의해 감각들의 직접적 증거를 넘어서서 나아가는 근거를 탐구해야 한다는 것이 흄의 생각이다.

흄의 인과론

○ 인과관계의 조건 : 근접성(contiguity)과 계기성(succession),
  그리고 필연적 연관성(necessary connection)

흄은 인과의 관념도 대상들 간의 관계에서 나온 것이라고 생각했는데, '인성론'에서 인과 관계에 관한 정의를 다음과 같이 내리고 있다.

> "어떤 대상이 다른 대상에 시간적으로 선행하고 시간 공간적으로 근접해 있을 때, 그리고 전자의 대상과 유사한 대상들이 후자의 대상과 유사한 대상들과 시간적으로 선행하며 시공간적으로 근접 관계에 놓여 있을 때, 그 전자의 대상을 원인이라 한다."

> "한 대상에 대한 관념이 생기면 자연적으로 다른 대상에 대한 관념도 생기며, 한 대상에 대한 인상이 생길 경우 자동적으로 다른 대상에 대한 더 생생한 관념도 생기게 되는 식으로, 마음속에서 결합되는 두 개의 대상 중 시공간적으로 근접되어 있으면서 시간적으로 선행하는 대상을 원인이라 한다."

여기서 공간적으로 두 대상이 근접되어 있다는 말은 두 대상 사이에 아무런 공간적 틈이 없음을 뜻한다. 그런데 두 대상 간에 공간적 틈이 없다는 말은 또한 무슨 뜻일까? 불행히도 흄은 '공간적 틈이 없다'는 말의 뜻을 더 이상 밝히고 있지 않으며, 이 때문에 근접성의 조건도 큰 설득력을 가지지 못한다.

흄은 근접성과 계기성만을 가지고는 인과관계가 충분히 해명되지 않음을 알고, 더 중요한 조건인 필연적 연관성을 제시한다. 그는 우선 필연적 연관성의 관념이 어떤 인상에서 유래되었는가를 조사했으나, 어디에서도 필연적 연관성의 관념과 대응될 만한 인상을 찾지 못한다. 그래서 직접적인 해답을 구하는 것을 포기하고 그 문제에 도움이 될 수 있는 다음의 질문들을 먼저 고찰한다. 즉 '존재하는 모든 것이 필연적으로 원인을 가진다'고 우리가 생각하는 근거는 무엇인가? 우리는 왜 특정한 원인이 특정의 결과를 필연적으로 낳는다고 생각하는가? 원인에서 결과로, 결과에서 원인으로 나아가는 추론과 그 추론에 우리가 부과하는 믿음은 어떤 성격의 것인가?

앞서 살핀 바와 같이 흄의 입장은 철두철미한 경험주의적 인식론이다. 즉 그는 모든 관념들이 서로 상이하고 분리될 수 있기 때문에 원인과 결과의 관념도 궁극적으로는 서로 아무런 관련이 없는 독립된 것들이라고 생각했다. 따라서 첫번째 물음에 대해, 그는 모든 존재하는 것이 원인을 가진다는 주장은 "직관적으로 확실하지도 않고 명증적으로 확실하지도 않다"고 대답한다. 그리고는 두번째 물음에 대해 대답하기 위해 원인의 관념에서 결과의 관념으로 나아가는 추론과정부터 살핀다.

"두 대상 간의 불변직 연속(constant conjunction)이 수차례의 경험에 의해 확인되면, 우리는 더 이상 고찰할 필요도 없이 전자의 대상을 원인, 후자를 결과라고 부르게 되며, 전자로부터 후자에로의 추리도 이와 같이 해서 성립된다."

흄은 이처럼 인과관계에 불변적 요소가 있음을 고찰한 후, 이제 본래의 주제인 필연적 연관성의 문제로 다시 돌아온다. "우리가 두 대상이 필연적으로 연관되어 있다고 말할 때 우리가 가지는 필연성의 관념이란 어떤 관념인가? 하는 것이 그가 이 문제와 관련해서 던진 물음이었으며, 그는 대답을 위해 필연성을 낳은 인상을 찾아볼 것을 제안한다. 그러나 원인과 결과라고 말해지는 대상들과 불변적 연속의 관계를 고찰한 결과, 어느 곳에서도 필연성의 관념을 산출한 인상은 존재하지 않는다는 것이 그의 결론이다.

그러면 그의 필연성론이 의도하는 바는 무엇인가? 당시에는 필연성이 힘, 에너지 등으로 정의되는 것이 보통이었는데, 흄은 그것들이 모두 잘못된 것이라고 생각했다. 가령 그는 어떤 대상에서 힘이나 필연성의 인상을 획득한 사람이 있다면, 그 대상이 무엇인지 지적해 보라고 말한다. 그런데 어떤 구체적인 힘이 어떻게 구체적인 대상에 존재할 수 있는지 우리가 분명히 파악할 수 없으므로, 만약 일반적인 힘의 관념을 가지고 있다고 상상한다면 그것은 우리들 자신을 속이는 것과 같다는 것이다.

하지만 필연성의 관념에 해당하는 인상이 외부세계에는 없지만 우리가 그런 관념을 가지고 있다는 것은 엄연한 사실이다. 따라서 우리가 어떻게 필연성의 관념을 가지게 되는가가 다시 문제시된다.

필연성이 경험의 반복만으로는 설명될 수 없는 상황에서, 그가 제시한 해결책은 "유사한 경험이 반복됨에 따라, 그런 반복을 경험한 주체인 인간의 마음에 스스로 필연성이라는 관념을 생성시키는 인상이 생긴다"라는 심리주의이다. 즉 인간의 마음은 자신을 외적 대상에까지 넓혀 그것들을 내적 인상과 결합시키려는 성향(propensity)을 가지고 있으며, 필연성의 관념에 대응하는 인상이 인간의 외부에 있는 것은 아니지만 인간의 내부에 있다는 것이다.

2) 필연성론의 딜레마

먼저 성향을 P, 두 사건 e와 f 사이에 필연적 연관이 있다고 믿는 믿음을 B라고 하자. 이 때 성향 P가 믿음 B의 원인이라고 한다면, 흄의 인과분석에 따라 우리는 P와 B 사이에 필연적 연관이 존재한다고 믿는다. 그런데 이같은 2차적 믿음을 B'라고 하면, 다음과 같은 문제가 발생한다. 즉 흄의 설명을 논리적으로 따르면 B'도 거짓이어야 하며 B와 B' 사이에 필연적 관계가 있다는 믿음 B''도 거짓이 되는 등, 결국 흄의 인과적 설명은 무한퇴행에 빠진다.

물론 이에 대해 '우리가 믿음과 성향에 관하여 완결된 논리적 체계를 수립할 수가 있는가가 문제시되지 않는 한 무한퇴행 자체는 오류가 아니다'라는 반론을 펼 수 있다. 하지만 무한퇴행은 접어두더라도 B'에 근거한 흄의 설명은 다음과 같은 딜레마에 빠진다.

① B'가 필연적 연관성에 관한 다른 믿음과 마찬가지로 거짓이라면, 필연성 관념의 출처에 대한 흄의 설명도 거짓이 된다.

② B'가 거짓믿음이 아니라면, "원인과 결과 사이에 필연적 연관성이 있다는 우리의 믿음이 거짓이다"는 그의 주장은 보편적 타당성을 가질 수 없다. B'의 경우에는 우리의 믿음이 참이기 때문이다.

마음과 인격의 동일성 문제

동일한 대상이란 '지속되는 존재자라는 허구에 의해, 쪼개져 있는 대상들을 결합하는 경향'을 지닌 〈상상력의 활동〉의 산물이라고 생각하는 흄은, 단순불변하며 항상 동일하다고 생각된 마음의 존재도 부인한다. 즉 그는 "우리가 마음이라고 부르는 것은 어떤 관계에 의해 결합된, 그릇되게도 완전한 단순성과 동일성으로서 추정된, 상이한 지각들의 집적 또는 집합일 뿐이다. 이 지각들의 연관된 집단이 하나의 사고하는 존재를 구성하는 것이다"라고 말하면서 다발이론을 제시한다.

그러나 다발 이론의 문제점은 다음과 같다. 마음의 일관된 동일성이 전제되지 않고 마음을 단지 지각들의 집합이라고 보면, 동일한 경험은 존재할 수 없으며 따라서 습관이 형성될 수 없다. 또한 그는 기억의 중요성을 강조하고 있지만, 그의 이론에서 어떻게 기억이 가능하게 되는가도 의문시된다.

자연주의적 윤리설

1) 요약 : 흄은 선악의 구별도 이성이 아니라 도덕감에 의해 이루

어진다고 생각했다. 이 때 만약 흄이 말하는 도덕감이 보편적 도덕의 원리가 될 수 있으려면, 동일한 대상에 의해 유발되는 도덕감이 사람이나 때에 따라 달라서는 안된다. 그러나 그가 제시하는 동정심 등이 객관성을 만족시키는지는 의문이다. 결국 그의 경험론적 윤리설은 윤리학 자체의 부정에까지 이른다. 왜냐하면 그의 이론에 따르면 객관적인 도덕 판단의 기준을 제시할 수 없으며, 도덕 판단의 규범적 성격을 정당화하기 힘들기 때문이다.

2) 흄의 윤리학은 그의 경험이론, 본성이론, 그리고 규약 이론의 규명을 통해 드러난다.

① 경험이론 : 경험 이론에서는 인간의 지식의 대상은 관념이며 관념은 경험을 통해서 획득된다고 한다. 감각경험을 통해 인상을 얻고 반성경험을 통해 관념을 획득하는데, 관념은 상상이나 기억으로 떠오른 것을 말할 뿐이다. 지식은 이러한 관념 사이의 연합과 일치에서 비롯하는 것인데, 이것을 결정짓는 것은 실재의 사태연관이 아니라 주관의 연합의 습관에 불과하다고 한다. 흄은 관념의 연합이 시공간적 근접성의 원리, 비슷함의 원리, 원인과 결과의 원리에 따른다고 한다. 그런데 독립된 두 사건의 필연적 관계를 의미하는 원인과 결과의 관계는 우리가 그 필연성을 인식할 수 없기에 두 원리로 환원될 수 있다는 것이다. 따라서 우리의 정신은 대상을 파악하는 것도 아니며, 관념의 연합의 결과로 지

식을 얻었다 해도 그것의 확실성은 주관적 개연성의 정도에 그칠 뿐이라 한다.

② 본성이론 : 본성이론에서는 인간은 회의적인 지적 능력에도 불구하고, 반복된 경험에 자연적 연상의 습관을 부여하여 자신의 인과관념에 신념을 갖게 된다. 그러나 인간의 본성은 이기심과 자신의 유용성을 고려하는 이해에 치우치게 되어서, 자신에게 유리한 것을 쾌라고 하고, 불리한 것을 불쾌라고 하며 도덕의 근거를 쾌불쾌에 있다고 보았다는 것이다. 도덕의 근거를 이해에 근거한 주관성에 기초하게 되면 인간의 다양한 경험과 각자의 반성능력으로 말미암아 사회질서는 보장할 수 없게 된다.

③ 규약이론 : 규약이론에서는, 그럼에도 불구하고 사회에 질서가 존재하는 근거는 감정에 있다고 한다. 즉, 자신의 주관에 매몰된 인간이 경험하게 되는 시행착오적 경험을 통해 반성적으로 인위적 규약을 정하게 되는데, 그 반성하는 감정·정서가 도덕감이다. 도덕감은 자신의 유용성과 이해에 근거하여 쾌 불쾌를 느끼는 원초적 감정에서 후천적으로 발전된 것으로서 자신의 이해뿐만 아니라 공감에 기초하여 타인의 이해에도 설 수 있는 동정심·인간애가 있기에 객관성을 띤다고 보았다.

④ 흄은 인간이 인간의 지적 능력의 빈약함과 사욕에 머물기 쉬운 본성에도 불구하고 자신을 넘어설 수 있는 동정심에

기초하여 스스로 규약 및 규제를 설정할 수 있다고 보았다. 이 점에서 그는 중세의 윤리관을 완전히 벗어나 있다고 보겠다. 중세의 형이상학적 윤리학의 전통은 어떠한 선천적 도덕규칙에 따르는 것이 도덕적인 것이라 하면서 질서의 근원을 절대진리 및 신에게로 환원시키기 때문이다. 그러나 경험적 탐구에 의해서는 드러나지 않는 존재와 신의 원리인 실재란 알 수 없으며 인간의 목적이 어떤 것이라는 주장은 사실상 인간이 언제나 어떠해야 한다는 주장으로 환원가능하기에 경험을 통하여 윤리적 판단에 관련된 지식을 추구해야 한다고 한다.

••• 근세 철학

칸트 철학 요약

칸트의 철학 개념

1) 개념들로 이루어진 이성 인식의 체계는,

　① 개념들의 구성에 의한 이성 인식인 수학과 구분되고

　② 경험적 자료에 의한 인식들의 체계인 경험과학과도 구별된다.

2) 이성적 인식이란 원리적 인식으로서 순수한 선험적 인식이다.

　① 즉, 이성의 이성 자신에 대한 인식이며(논리학)

　② 순수하게 원리적으로 생각되는 대상들에 대한 인식(형이상학)이다.

3) 형이상학은

　① 존재(자연) 형이상학과

　② 도덕(자유) 형이상학으로 구분된다.

칸트 철학의 주제

1) 칸트 철학의 궁극적인 관심사는 "인간은 도대체 무엇인가?"이다. 특히 이성적 존재자로서의 인간에 관심을 갖는다.

2) 이에 대한 탐구로서 3가지 것(지식, 행위, 희망)을 탐구한다.

이 글은 제목과 아주 짧은 서술들로 칸트 철학을 요약하려 한 것이다.
역시 한 눈에 칸트 철학의 개략적 내용을 살피는 데 도움이 될 것이다.
길을 잃지 않도록 하는 나침반이나 지도의 역할을 한다고나 할까.

① 나는 무엇을 알 수 있는가? (지식)

② 나는 무엇을 행해야만 하는가? (행위)

③ 나는 무엇을 희망해도 좋은가? (희망)

3) 이 각각을 탐구하기 위하여 다음을 고찰한다.

① 있는 것을 표상하고 관조하는 능력인 이론적 이성(인식 작용)

② 있는 것을 극복하거나 없는 것을 있도록 하는 실천적 이성(도덕 행위)

③ 개별적으로 주어지는 특수한 사례들을 반성해서 통일적 원리를 생각해내는 반성적 판단력(합목적 판단)

1) 칸트에게서 이성비판이란 인간 이성이 인식할 수 있는 것과 인식할 수 없는 것, 마땅히 해야 할 것과 행해서는 안되는 것, 합당하게 희망해도 좋은 것과 희망할 수 없는 것을 분간하는 작업이다.

2) 또한 이성비판이란 이성 자신이 자신의 한계를 규정하는 작업이기도 하다.

이론 철학의 내용

1) 이성과 인식의 재료들은 모두 경험으로부터 나온다는 경험론과 사물의 본성에 관한 탐구는 우리 정신의 본성에 있는 본유 관념에 대한 탐구라는 이성론을 결합하고자 함.

2) 우리의 이성이 우리 밖의 사물에 관한 지식을 얻을 수 있는 유일한 통로는 감각이며 감각 재료 없이는 결코 실질적 내용을 가진 지식을 얻을 수 없다. 하지만 감가 자료들은 잡다한 것으로

서 이것들이 정리정돈될 때 하나의 사물이 인식될 수 있다. 이러한 정돈의 틀은 감각 자료에 있지 않다. 이 틀은 우리 인식 능력이 스스로 마련한 선험적(a priori)인 것이다. 이 틀에는 두 종류가 있다. 첫째가 감성의 형식인 시간, 공간 표상이고 둘째는 지성의 형식인 순수한 지성 개념이다.

3) 시간과 공간

① 데카르트나 로크는 이것을 그 자체로 존재하는 물질적 사물의 속성으로 생각했다.

② 뉴턴은 시간 공간이 그 자체로 존재하는 절대적 존재자라 생각했다.

③ 라이프니쯔는 그 자체로 실재하는 것도 아니고, 그렇다고 실재하는 사물의 속성도 아니며 단지 인간의 감각적 의식으로 인해 생긴 인간 상대적인 것이라고 생각했다.

칸트는 공간, 시간은 우리의 감각에 주어지는 모든 사물들의 관계의 객관적인 질서 틀이지만, 그 자체로 존재하는 것은 아니어서 우리에게 감지되는 사물의 실재 규정이되, 감각될 수 없는 것과 관련해서는 아무런 의미도 갖지 못하는 관념이라고 본다.

4) 지성의 범주

① 공간 질서 표상과 시간 질서 표상에 따라 일차로 정돈된 감각재료들은 양(단일성, 다수성, 전체성), 질(실재성, 부정성, 제한성), 관계(실체-속성, 원인-결과, 상호작용), 양태(가능성, 현실성, 필연성)의 표상에 따라 종합된다. 이 때에야 비

로소 하나의 어떤 무엇이 인식되는 것이다.

② 이런 종합을 "사고"라 부르고 사고 작용하는 이성의 기능을 "지성"이라 부른다.

③ 순수 지성의 근원 개념이고 사고 형식으로 기능한다는 의미에서 범주다.

5) 초월 철학

① 공간, 시간과 범주의 틀에 따르는 우리 의식의 인식 작용에 우리에게 인식되는 사물은 규정을 받는다. 경험일반을 가능하게 하는 조건들이 동시에 경험의 대상들을 가능하게 하는 조건들이 된다.

② 의식의 선험적인 원리들은 인식을 가능하게 하는 근거이자 인식된 사물의 존재의 근거가 된다. 의식의 이런 기능을 칸트는 "초월적"이라 부른다.

③ 인간의 초월적 의식은 세계를 형성하는 물질적 재료까지를 만들어 내지는 않지만, 존재자의 보편적 존재규정이 된다고 보아 인간 이성은 적어도 부분적으로는 현상 세계의 창조자라고 말한다.

선험 철학의 내용

1) 선의지란 그 자체로 선한 것이다.

① 선의지란 옳은 행위를 오로지 그것이 옳다는 이유에서 행하는 의지다. 행위의 결과나 이익을 고려하는 마음이니 혹은

자연스런 마음의 경향성에 따라 옳은 행위로 쏠리는 것이 아니라 어떤 행위가 옳다는 바로 그 이유만으로 그 행위를 택하는 의지다.

　　② 인간 행위의 선, 악을 판정하는 척도인 선의 개념을 제시해 주는 최고의 도덕법칙은 이성에게 자명하게 인식된다. (순수 실천 이성의 기본 법칙)

2) 보편화 가능성과 자율

　　① 너의 의지의 준칙이 항상 동시에 보편적인 법칙 수립의 원리로서 타당할 수 있도록 그렇게 행위하라.

　　② 당위의 문제, 규범, 무조건적 준수

　　③ 인간이성이 스스로 제정한 규율, 즉 자율이다.

3) 자유

　　① 인간은 한편으로 자연의 법칙 아래 종속해 있으면서도 다른 한편으로 자연의 인과 연쇄를 끊고 어떤 행위를 비로소 시작할 수 있는 힘, 즉 자유로운 의지를 가지고 있다.

　　② 완전한 자발성으로서 오직 행위를 가능케 하는 의지의 자유는 자연 안에 있지 않다. 초경험적, 초월적인 것이다.

4) 인격성

　　① 자기 자신의 이성에 의해 제시된 순수한 실천 법칙에 자신을 복종시키는 인간 존재의 능력.

　　② 의지가 자유롭다는 것과 인격적이라는 말은 같다.

　　③ 인간을 무엇을 위한 수단으로서만 대하지 말고 단지, 즉 그

자체 목적으로 대하라!

희망의 철학

1) 세계의 합리성, 합목적성, 체계의 통일성
    ① 인식할 수 없지만 반성적으로 통합할 수 있다.
    ② 규제적인 원리다.
2) 영혼의 불멸과 신의 현존
    ① 최고신의 개념
    ② 영혼은 불멸한다고 알 수는 없지만 요청되고 희망할 수 있다. 유한한 인간이 신성한 경지에 이르기 위해서.
    ③ 도덕에 부합하는 행복은 이성적 존재자의 전 목적에 합치하게 사는 것이다. 신의 현존이 요구된다. 영속적인 행복을 희망해도 좋다.
    ④ 도덕적 완전성!!!

··· 근세 철학

칸트의 현상 존재론

형이상학을 위한 예비학

【순수 이성 비판】순수한 이성 인식의 가능성을 탐구하고 대상의 범위 규정. 모든 선험적 인식 일반의 가능성에 관한 학으로서 가장 좁은 의미의 형이상학으로서의 초월철학을 규정.

본 글조각은 서울대 철학과 백종현 교수님의 "칸트 : 현상 존재론"이라는 논문의 내용을 요약하고 재정리한 것입니다.

1) 초월 논리학 : 대상과 관련이 있는 순수한 선험적 인식들에 대한 논의. 개념의 사용 범위, 전거의 문제.
2) 존재론 : 선험적 인식의 요소와 조건들, 즉 경험의 가능조건=대상의 가능조건에 대한 학문.
   초월철학이란 순수 이성의 자기인식으로서 일체의 경험적 인식을 가능하게 하는 초월적 인식의 체계를 가리킨다.
3) 존재론 : 사물의 실질적 본질을 탐구하는 학문. 존재론에서의 실질적 본질이란 사물의 선험적 본질로서 사물의 가능근거를 가리키는 것이며 순수이성의 선험적 표상들인데 이것이 곧 초월철학의 요소이다.
   ① 형이상학을 위한 예비학으로서의 초월철학의 내용이 존재론의 내용이 된다.

② 가능한 존재론은 현상적 존재자에 관한 존재론 뿐이다.

③ 특수 형이상학은 불가능하다는 것이 칸트의 결론.

현상 존재론

1) 대상으로서의 존재자 인식의 구조

① 대상 인식의 구조 : 존재자의 존재와 본질은 인식을 통해서 드러난다.

인 식	일종의 표상 (repraesentatio) 의식적 표상 (perceptio) 대상에 대한 의식적 표상 (cognitio)	인식 단계

인 식	표상 작용 (의식) 표상된 것 (인식내용) 표상되어진 것 (인식 대상)	인식 구조

인식은 주어지는 [어떤 대상] 들의 [표상들] 을
　　　　　　　(물 자체)　　(감성형식을 통해 들어온 것)
[한 대상] 과 [일정하게 관련짓는] 것이다.
(개념적으로 파악된 "나의 대상")　(통각 작용)

인식 : 어떤 것의 의식 촉발 ➡ 의식의 인식 작용 ➡ 의식 안에서의 대상 인식

② 대상 인식의 요소 : 질료와 형식

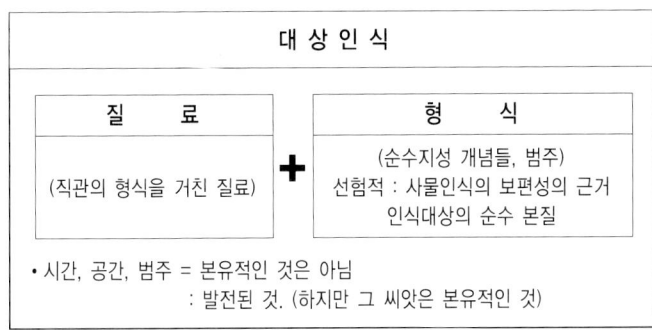

2) 존재자와 존재 해명

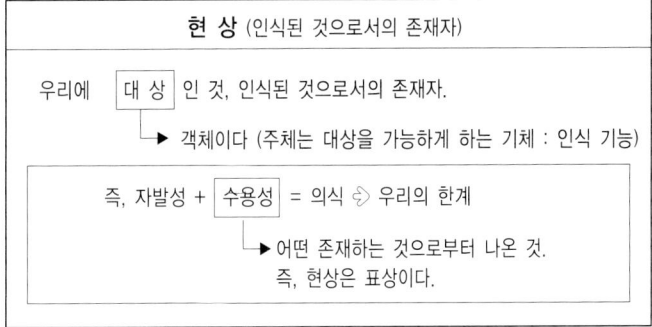

○ 본질과 존재의 구분

- 본질 : 우리 의식이 부여하는 것. = 범주

  본질의 실질성은 대상의 현존을 알려준다.

- 존재 : 감각에 상응하는 것 ; 전제조건 ⇨ 지각은 이것의 표상이다.

  이것의 근거 : 현상으로서의 대상의 현실성은 감각의 근원이

현실적인 것이라는 데 근거한다.

3) 현상 존재론
○ 인식의 가능근거는 범주이다.
 - 이 범주는 존재자 일반의 보편적 본질이다.
 - 순수이성 비판은 보편적 본질에 관한 이론이다.
 즉, 존재론이다.
○ 하지만 범주는 경험대상 일반의 가능근거 = 경험 일반의 가능 조건.
 즉, 범주는 존재자의 가능 근거.
⇨ 이 때의 존재자는 '현상' 이다.
 그러므로 현상존재론이라 한다.
※ 함축 : 우리 지성의 소재는 수용된 것이다.
 즉, 우리 주체와 독립된 초월적 객체가 있어야 한다(그 자체로서의 사물.)

4) 현상 존재론의 의의
○ 형이상학의 방향 전환
 "이론 이성 비판"의 귀결 ⇨ 인식능력은 초감성세계로 넘어갈 능력이 없다. ⇨ 진리의 학문으로서의 형이상학 거부.
즉, 존재론의 확장 거부. 따라서 진정한 형이상학은 진리의 학문이 아니라 인간의 완성에 대한 궁극적 관심의 학문이다. 즉 이념으로서의 학, 즉 이념론이다.

••• 근세 철학

헤겔 철학의 이해

쉽게 이해하기 위해 먼저 생각해 보아야 하는 것

　헤겔 철학을 쉽게 이해하고자 한다면 먼저 헤겔이 스스로 문제 삼은 것이 어떤 것인가, 그리고 그것을 어떠한 방향으로 해결하고자 하였는지를 알아야 한다.

　헤겔 이전에 데까르트부터 문제시되어 온 철학의 주된 관심은 인식론에 있다. 그것은 우리가 어떻게 진리를 알 수 있는가 하는 문제이다. 이 문제에 대하여 합리론자들은 우리가 선험적으로 얻은 합리적 이성으로 진리를 알 수 있다고 주장하였고 경험론자들은 경험을 통해서 진리를 알 수 있다고 주장하였다. 그리고 이러한 주장의 흐름은 칸트에 의해서 종합되었는데 칸트는 주관적 인식의 틀과 감각경험이 결합되어서 지식이 된다고 주장하였던 것이다.

　이상과 같은 맥락 속에서는 항상 당연한 것으로서 전제되는 것이 있는데 그것은 진리를 인식하고자 하는 인식 주관(근세의 의식)과 우리 바깥의 사물인 대상이 서로 떨어져서 마주한다는 것이다. 이렇게 인식 주관과 대상이 서로 떨어져 있을 때 주관이 대상을 정말 올바르게 인식할 수 있는가 하는 문제가 생긴다. 헤겔은,

헤겔의 문제의식

헤겔 이전의 철학적 관심

헤겔의 해법

쉽게 말해서, 이 양자(인식 주관〈의식〉과 사물)를 일치시킴으로써 기존의 철학적인 문제를 해결하고자 하였다.〈해결의 방향 1〉
그리고는 이러한 일치와 통합의 범위를 확대함으로써 국가에 대한 철학, 윤리, 종교 등에 대한 철학을 하나로 통합하고자 하였다.〈해결의 방향 2〉

헤겔 철학의 동기

헤겔이 왜 이러한 방향으로 전체적인 철학구성을 계획했는지를 이해하는 것은 어렵지 않다. 모든 것을 하나의 원리로 설명할 수 있다면 다음과 같은 이유로 바람직할 것이다. 즉 모든 서로 다른 것들이 조화되어 보이고 정리되어 보이며 동시에 그 하나의 원리는 정말로 가치있는 진리가 될 것이다. 즉 그 원리는 절대적인 진리가 될 수도 있을 것이다. 그리고 일반적으로 철학자이든 과학자이든 학자들이란 이런 질서정연하고 포괄적인 진리를 찾고자 하는 경향이 있다.

이러한 요구를 만족시켰기 때문에 헤겔 철학이 19세기까지 독일과 유럽의 철학계에 광범위하게 수용되었을 것이라고 추측된다.

왜 절대적 관념론이라 하는가?

그럼 이제 헤겔 철학의 철학적 내용을 들여다보고 그 특징을 이해 해 보자.

헤겔 철학의 특징

헤겔은 처음에 인식 주관과 사물을 일치시키고자 하였다고 말했다. 이 때는 두 가지 방향으로 일치가 가능하다. 하나는 모든 것이 사물의 법칙에 따라 움직인다고 주장(유물론)하는 것이고 다른 하나는 모든 것이 정신(의식)의 법칙에 따라 이루어진다는 주장(유심론 혹은 관념론)이다. 헤겔은 모든 것이 정신의 법칙에 따라 결정된다고 주장하는 방향으로 자신의 철학을 발전시켰다. 그래서 헤겔의 철학은 관념론으로 분류된다. 그리고 이어서 이러한 철학 체계를 확장시켜서 국가와 윤리, 종교 등을 모두 설명하였기 때문에, 그리고 그 모든 것의 배후에 절대 정신을 설정하였기 때문에 "절대적 관념론"이라는 이름을 얻게 되었다. 헤겔의 절대적 관념론 안에서는 사고·존재·진리, 이 모든 것이 정신과 동일하다.

절대적 관념론

변증법이 도입되는 까닭

변증법

그러면 헤겔의 철학에 변증법이 나타나는 이유를 이해해 보자.

헤겔은 모든 것을, 즉 의식과 사물, 개인과 국가, 선과 악, 윤리와 종교 등을 통합하여 하나의 원리로 설명해 내려고 하였다. 그런데 그것들은 분명히 서로 다른 것들이다. 그것들이 서로 통합되고 그래서 전체적으로 하나가 된다고 주장하려면 서로 다른 것이 어떻게 결합하고 통합되는지를 설명하여야 한다. 그래서 변증법을 도입하게 된다. 헤겔은 변증법을 도입함으로써 다음의 몇 가지를 한꺼번에 달성할 수 있게 된다. 첫째는 모든 것이 발전한다는 생각(얼마나 희망적인가?), 둘째는 모든 것이 끊임없이 변화하고 유동적이며(당연?) 그러면서도 생성된다는 생각(생성의 철학… 역시 희망적이다)이 그것이다. 그리고 그러한 변증법 도입의 결과로서 헤겔은 전체적인 것이 우월하다는 주장을 하게 된다.

변증법의 철학적 기능

변증법이란 무엇인가?

정·반·합

　　변증법이란 무엇인가? 정·반·합에 의한 변화와 생성의 규칙이 변증법이다. 이 규칙은 확실히 정신의 활동에 먼저 적용된다. 우리는 어떤 것(예: 라디오)을 이해하고(정) 그것이 아닌 것(예: 손전등)과의 관계에서 그것(라디오)을 이해한 후(반) 그 이해를 확장하게 된다.(합) 또한 이러한 이해는 자연에도 적용되는데, 하나의 식물(정)이 다른 것과의 관계(반) 속에서 더 큰 식물로 성장(합)하는 것이 그 한 예이다.

개념의 운동

　　이러한 변증법은 기본적으로 '개념의 운동'이다. 모든 변증법의 내용은 정명제, 반명제 및 종합 명제의 구조로 파악할 수 있다. 그리고 이러한 생명 변화의 이면에는 나름의 합리성이 있기 때문에 그것을 '로고스'라고 한다. 이 로고스에 대해서 변증법의 결과는 합리적인 것이 된다. 이러한 헤겔의 사상은 플라톤 이래의 서양 철학의 전통인 이성 중심주의 위에서 자연스러운 것이다. 한편으로 관념적이면서도 현실 긍정적(또는 보수적)이 되는데, 그 까닭은 정·반·합은 이성적이고 이성의 표출로서 이루어지는 생성의 과정이며 그 종합은 그 결과로서 지금 존재하는 것, 즉 현실이기 때문이다. 로고스(이성)와 현실 긍정, 그리고 끊임없는 발전의 3박자가 모여서 기독교 신앙과 결합하고 절대정신=신의 결론을 창출한다.

절대 정신

　　절대정신을 끄집어들이는 까닭은 다음과 같이 이해할 수 있다. 즉 헤겔 철학에 의하면 세상 모든 것은 변증법적인 과정에서 이성적인 것으로 존재하는데 세상에는 악도 있고 부조리도 있다. 이것도 합리적인 것인가? 이에 대한 헤겔의 대답은 이러하다. 그것은 전체적인 발전의 과정에서 임시적인 필요에 의해서 더 나은 발전을 위해서 나타나는 것 뿐이다. 전체가 되었을 때, 그래서 이 모든 이성이 완전히 표출되었을 때 이러한 부조리는 해소된다. 그러므로 "참된 것은 전체이다. 그러나 전체는 스스로의 발전을 통해서 스스로를 완성해 나가는 자이다. 절대자에 관해서는, 이 절대자는 본질적으로 결과이며, 맨 끝에 가서야 비로소 본래 있던 그대로의 것이 된다고 말할 수 있다."(정신현상학, 머리말) 그리고 변증법의 세 단계는 전체에로 나아가는 길이다.

전체론

헤겔은 논리학을 순수이성의 체계, 즉 순수한 사상의 왕국으로 이해한다. 그러므로 정신과 세계가 일치하는 경우에 정신의 운동 법칙인 변증법(=개념의 운동)은 모든 것을 포괄하지 않으면 안된다. 그래서 헤겔의 새로운 논리학인 변증법적인 논리학이 생겨난다. 기존의 논리학에 대한 생각들은 주로 논리학이 형식적인 것에만 한정된다고 생각하였다. 헤겔의 논리학은 논리학이 아니라 형이상학이다.

변증법적 논리학

헤겔의 법철학

헤겔의 법철학의 내용은 이상과 같은 헤겔 사상의 기본 구조를 이해하면 일맥 상통하게 따라 나온다. 즉 전체가 참된 것이고 현실적인 것에는 충분한 이유가 있으며 정신과 일치하는 세계는 완전한 전체를 향해 발전하는 과정에 있고 그 발전의 배후에는 신으로

법철학 이해

서의 절대정신이 있는 것이다.

자유의 개념

헤겔의 국가철학의 논리 전개는 자유의 개념에서 출발한다. 일반적으로 "자유"라고 한다면 그것은 '구속받지 않음'을 의미하는데 헤겔의 자유는 하고자 하는 바(개인의 의지)와 저절로 되는 바(세계=보편적인 것)가 일치하는 것에 있다. 모든 것의 일치를 추구하는 헤겔 사상의 특성은 여기서도 드러난다. 이것은 말하자면 (극단적인 예겠지만) 자신이 꽁꽁 묶여있는 경우에도 자신이 묶여 있고자 원한다면 자유롭다는 것을 의미한다.

법률의 이해

자유가 절대정신과 개인의 의지의 일치라고 할 때, 이 자유에로 나아가는 첫 번째 시도는 법률이다. 법률은 마음대로 하는 것을 제한할 뿐, 자유는 제한하지 않고 오히려 자유를 돕는다.(정1) 그러나 법률은 비인간화되어 있고 꼭 필요하지만 동시에 많은 부작용도 낳는다.(반1) 이러한 법률은 도덕이나 윤리에 의해서 보완되어야 한다.(합1=정2) 하지만 도덕에 의해서 법률이 불안정해지는 위험도 생겨나므로(반2) 다시 윤리성(Sittlichkeit)을 통해서 고양되어야 한다.(합2=정3…) 이 윤리성을 구성하는 요소가 가족, 시민사회, 국가이다. 그리고 그 중에서도 국가가 완전한 유기적인 종합을 이루는데 그것은 국가가 전체이기 때문이다. 현실적인 사회체

국가

제 속에서 국가는 전체이기 때문에 국가는 절대정신이 현실적으로 구체화된 한 예로서 이상이고 살아있는 인격이다. 이 실체적인 통일체는 절대적이고, 움직여지지 않는 자기 목적(Selbstzweck)이다. 또한 "국가가 있다는 사실은, 세계 안에 존재하는 신의 흔적이

기도 하다" … 이렇게 헤겔은 국가를 신격화하기도 하였다.

　이러한 국가관에 따르면 개인의 자유는 국가의 이익을 위해서 무시될 수 있다는 것을 쉽게 이해할 수 있을 것이다. 그래서 헤겔의 국가철학이 서구에서 비판받는다. 또한 헤겔의 국가는 어떤 경우에라도 긍정되지 않으면 안되므로 매우 보수적인 경향을 나타내게 된다.

헤겔의 역사 철학

　헤겔의 역사 철학도 이상과 같은 헤겔 사상의 틀을 그대로 가지고 있다.

　첫째로 존재하고 있는 것은 모두 다 옳고,

　둘째로 모든 것들은 변증법의 세단계의 법칙에 따라 필연적으로 생겨난다. 그러면서도 항상 발전하고 있으며 그 궁극적인 목적은 헤겔에 따르면 보편적인 자유이다(국가철학과 동일). 그 내용을 요약하면 세계사는 동양에서 시작하지만 그 때는 군주 한 사람이 자유로왔고 그리이스-로마 시기에는 몇몇 사람들(귀족)만이 자유로왔으며 게르만의 세계에서는 모두가 자유로우므로 이 때에 〈자기의식〉의 빛이 떠오른다는 것이다.

(헤겔의 종교철학에 대한 설명은 생략 : 거의 내용이 비슷비슷하다.)

역사와 변증법

간단한 문제점 지적

헤겔의 철학은 모든 것을 한가지 원리로 설명하는 거대한 체계를 세웠지만 동시에 모든 것이 긍정되었고 모든 것이 논리가 되었다. 그리하여 비 논리적인 것이 없고 옳고 그른 것들 구분할 기준을 주지 못하였으며 과장된 관념론의 체계로 끝나버리고 말았다. 그리고 그 내용을 따라가면 그럴 듯하고 의미가 풍부하지만 그 결론에서 얻게 되는 것은 공허한 보수주의뿐이다.

(이 밖에도 헤겔 철학에 대한 비판은 충분히 많이 있다.)

PAKEBI'S PHILOSOPHY NOTE

••• PAKEBI'S NOTE OF PHILOSOPHY

05. 현대 철학

현대의 철학 사조
훗설의 현상학 요약
해석학
퍼스의 철학 소개
프레게의 철학 소개
무어의 철학
러셀의 철학
비트겐슈타인
논리실증주의의 철학과 그 역사
콰인의 철학 요약
퍼트남 철학의 이해
로티의 철학 소개

••• 현대 철학

현대의 철학사조

분석 철학의 뿌리

일반적으로 분석 철학의 근원은 19세기 말에 출간된 다음의 서적들에서부터 찾는다.

1) G. Frege, *Begriffschrift*, 1879.

   C.S. Peirce, *The Fixation of Belief*, 1887.

   How to Make Our Ideas Clear, 1887.

   이들 책은 출간된 때는 주목을 받지 못하다가 20세기에 들어와서 주목받기 시작하였다.

2) B. Russell, *The Principle of mathematics*, 1903.

   이 책의 방법론적 도구의 기본적인 내용은 이미 20년 전에 Frege에 의해서 제시된 것이다.

3) Wittgenstein, *Tractatus*.

   이 책은 1917~19년에 독일어로 발간되었으며 영어 번역본은 1921년에 발간되었다.

   이 책은 독일어로 최초 발표되었을 때는 관심을 끌지 못하다가 영어 번역본과 같이 발간되면서 철학계에 큰 충격을 주었다. 이 책에서 저자는 새로운 철학하는 방법을 완결된 형태로 제시하고 있다.
○ 분석철학의 시작을 잡는 방법.
현대 철학 사조의 중요한 흐름 중의 하나인 분석 철학이 언제부터 시작되었는가 하는 것에 대해서는 대체로 다음의 두가지 입장이 지배적이다.
① G. Frege 등에 의해서 새로운 철학하는 방식이 처음 제시되었을 때.
② 언어분석이 철학적 청중의 관심의 대상으로 되었을 때.

현대 서양철학의 두가지 전통과 그것들의 형성에 영향을 끼친 계기들

철학사상은 그것이 나오게 된 사회문화적인 배경없이 이해하기는 힘들다. 현대 서양철학 사조를 이해하기 위해서는 19세기 말 및 20세기 초의 유럽의 지성사(사상사)를 먼저 이해할 필요가 있다. 일단 현대 서양철학의 두가지 전통을 먼저 알아보고 이들의 형성에 영향을 끼친 배경을 순서적으로 알아보자.

1) 현대 서양철학의 두가지 큰 흐름은 분석철학적인 전통과 해석학적인 전통이다.

여기서 분석철학적인 전통은 영미 계통의 철학 전통이고 해석학적인 전통은 현상학, 생철학, 맑스주의, 구조주의, 실존주의 등을 포괄하는 유럽 대륙에서 성행했던 철학이다. 해석학적 전통 속에 포함된 다양한 사조들에는 서로 이질적인 것이 섞여 있지만 분석 철학과 비교해 봤을 때는 이질적인 면보다는 공통적인 것이 더 많다.

이 두 전통은 내용과 방법에 있어서 뿐만이 아니라 공교롭게도 지리적인 면에서도 차이를 보인다. 이들은 서로 간에 대화없이 독립, 발전해 오다가 60년대부터 서로 수렴되고 만나는 부분이 많아졌다.

분석철학은 철학 사상 유례없을 정도로 배타적인 성격이 강하였지만 분석철학의 틀 안에서 다루어지지 못하는 영역, 문제들을 해석학적 전통에서 다루고 해결할 수 있다는 생각에서 해석학적 전통을 연구하였다. 해석학적 전통 역시 마찬가지로 분석철학적 전통을 받아들이기 시작하였다.

2) 현대 철학의 흐름에 영향을 끼친 사회문화적 배경.

철학 외적인 요인과 철학 내적인 요인으로 구분해서 생각할 수 있다.

- 자연과학의 발달 : 첫 번째 요인이다. 19세기 후반 서구 사회의 가장 두드러진 변화이며 산업 혁명 이후 일상생활뿐만 아니라 사회의 모든 분야에 그 영향을 미쳤다. 이것이 철학 외적인 영향요인이다.
- 헤겔 철학 및 새로운 논리학의 발달 : 철학 내적인 영향요인이다.
  〉헤겔 철학이 가장 성장했을 때가 1840~50년이었는데 헤겔의 국가철학은 독일 문화권의 모든 지역에 거의 절대적인 영향을 미치고 있었다. 이러한 헤겔 철학에 대해서 19세기 말에 여러 가지 형태의 반발이 생겨났으며 그것이 현대의 철학

사조를 이루었다고 할 수 있다.

〉한편 논리학은 최초 아리스토텔레스에 의해서 집대성 된 후에 2000년 동안 거의 변화가 없이 전승되었다. 그래서 많은 사람들은 논리학이 아리스토텔레스에 의해서 완성된 학문이라고 생각할 정도였다. 그런데 1850년대 이후 놀라운 속도로 논리학이 발전하기 시작하였으며 이것이 Frege에 의해서 집대성되었다. 그 책이 『Begriffschrift』이다. 새로운 논리학이 나타남으로 해서 전에는 논리학으로 다룰 수 없던 영역이 신 논리학에 의해서 가능해졌다. 이에 따라서 과거의 미숙한 논리학에 기초한 철학들이 부분적으로 불완전한 것으로 이해되었다. 그리고 신 논리학의 도구를 사용해서 새로운 철학들이 출현하고 발전하게 되었다.

〈세가지 요인들에 대한 추가적 설명〉

① 자연과학의 위력 : 자연과학이 발전하고 그 결과가 성공적임에 따라서 체계적인 학문으로서의 철학의 존립기반이 위협받게 되었다. 즉 "철학이 체계적인 학문으로서 존립할 수 있을 것인가?"하는 반성의 계기가 된 것이다.

② 헤겔 철학의 영향 : 헤겔 철학과 헤겔 류의 형이상학이 너무 형이상학적인 극단과 방만으로 치달았다는 비판을 받기 시작했다. 그리하여 철학에 자기 혁신을 하고자 한다면 헤겔적인 극단과 방만을 피해야겠다고 철학자들이 생각하게 되었

다. 이것이 철학의 혁신의 방향을 제시한다.

③ 논리학의 영향 : 헤겔 철학의 영향으로 얻은 혁신의 방향과 더불어 철학의 자기 혁신의 방법적 도구가 된 것이 논리학이다.

이제 이 세가지 영향들에 대하여 자세히 설명해 보겠다.

① 자연과학의 영향

르네상스 이후의 유럽에서는 자연과학이 현저히 발전하여 물리적인 세계에 대한 정교하고 방대한 지식이 축적되었다. 그 영향은 17C, 18C 이후 산업 혁명을 통해서 자연과학자 뿐 아니라 일반 대중의 생활에도 미쳤다. 따라서 자연과학적인 방법은 어느 누구도 거부할 수 없는 사실로 받아들여졌으며 철학에도 그 영향이 심각하게 주어졌다.

- 기존의 철학관 : 서양의 전통에서는 아리스토텔레스 이후부터 철학과 과학이 분리되어 있다는 생각을 하지 않았다. 존재하는 모든 것에 대한 학문이라는 철학의 자기 이해는 중세까지 변함이 없었다. 그런데 근세 이후의 자연 과학의 눈부신 발전은 새로운 지식을 축적하고 철학과 과학이 분리되어야 겠다는 생각의 원인이 되었다. 자연과학의 탐구방법은 아리스토텔레스와 중세 철학의 탐구방법과 다르고 지식과 내용 역시 마찬가지로 달랐다.

- 뉴튼 : 뉴튼은 학문을 natural philosophy와 moral philosophy로 구분하고 자연과학자가 하는 것은 자연에

대한 지식을 탐구하는 것이며 이 때 가장 좋은 방법은 자연을 기계론적, 인과적으로 관찰한다는 것이라고 주장하였다. 그리고 그 결과 많은 지식을 축적할 수 있었다. 이에 따라서 Nature와 Mind를 구분하기 시작하였고 전통적인 철학의 탐구대상은 Mind에 국한되었다. 이에 따라서 과거의 포괄적인 학문으로서의 철학이 mind를 탐구하는 것으로 축소되었다.

- 데카르트 이후 : 데카르트 이후의 근세철학을 인식론이라고 하는 것은 바로 이런 이유에 기인한다. 인식론이라고 하는 것은 자연과학의 탐구 방법과는 다른 방법을 사용하는데 이 방법이 내성 심리학(introspective psychology)이다. 이 방법에 따라서 인간의 마음이 무엇이고, 마음이 어떻게 작용해서 지식을 얻게 되는 것인가가 철학의 대상이 되었다.

- 19C 이후 : 19C에 들어오면서 철학의 고유 영역이라고 생각되던 마음의 탐구가 자연과학적 방법에 의해서 탐구될 수 있는 것처럼 생각되기 시작하였다. 19C의 심리학자 Lipps, Wundt, Sidgwick, Sinnenpsychologie, 혹은 Experimental psychology 등은 인간 정신의 작용을 자연과학처럼 인과적, 기계적으로 볼 수 있다고 주장하였으며 그 극단적인 예가 19C 말 파블로프의 조건 반사였다.

- 철학의 위기와 대처 방안 : 그러면 철학이란 무엇인가? 철학의 존재 이유가 과연 있는가? 이와 같은 회의가 생겨나면서 철학의 정체성이 위기에 봉착하였다.(identity crisis) 이에 대한 대처 방안은 크게 두가지로 나타났다. ⅰ) 자연과학의 방법과 지식을 긍정적으로 보는 입장인 실증주의(positivism), ⅱ) 자연과학을 부정적으로 보거나, 적어도 자연과학적 지식이 인간이 가질 수 있는 지식의 전부가 아니라고 자연과학을 축소해서 보려는 입장(해석학 Hermeneutics).

이제 이 각각의 입장을 자세히 살펴 보자.

ⅰ) 실증주의적 입장 : J.S. Mill, A Comte가 이러한 입장에 속한다. 이들은 인간과 인간이 구성하는 사회에 대한 이해도 자연과학적 방법으로 얼마든지 할 수 있으며 나아가 그런 식으로만 접근해야 한다고 주장한다. 따라서 이들은 근세를 지배하던 이원론을 깨고 방법론적 일원론을 주장한 것이다.

ⅱ) 해석학적 입장 : 이들은 이분법을 그대로 받아들이고, 두 영역 사이의 본질적 불연속성을 계속해서 주장하였다. 이들에 따르면 자연과학적 방법은 인간을 탐구하는데 부적절하다는 것이다. Erklären과 Verstehen을 구분한 딜타이가 그 대표적인 예이다. 딜타이 이전에는 H. Rickert가 Naturwissenschaft와 Kulturwissenschaft를 구분하였으며 Windelwand는 Geschichtswissenschaft를 주장하였다.

이들과 같은 진영에서 딜타이는 Naturwissenschaft와

Geisteswissenschaft를 구분하였다. 이들의 입장에 따르면 인간의 정신과 사회는 근본적으로 의지, 의도를 가지고 있기 때문에 기계론적으로 접근할 수 없다. 그렇다면 어떻게 접근해야만 하는가? 딜타이는 그 동안의 축적된 논의를 바탕으로 행위가 행해지는 구체적인 상황(이것은 법칙으로 환원할 수 없다. 전부 특수성을 가지고 있다.)은 설명하는 것이 아니라 이해해야만 (verstehen) 한다고 주장하였다. 이러한 이해의 가장 좋은 방법이 empathy, einführung이다. 이로서 근세 이후의 이원론을 더 세련화시키고자 하였다. Max Weber는 사실과 가치를 명시적으로 구분하고 인간이 의도를 가지고 있다는 것은 '가치'를 지향하는 것이라고 설명하였다. 한편 Windelwand와 딜타이가 자연과학적 지식을 인정하면서 사회와 인간 탐구방법으로는 부적절하다고 주장하였다면 Nietsche와 Kierkeggord는 자연과학의 지식을 부정하였다.

- Positivism의 영향 : 실증주의는 20C중엽까지 이어진다. 행태주의(behaviourism)는 실증주의를 충실하면서도 극단적으로 계승하였다. 실증주의는 어느 면에서는 성공을 거두었으나 철학의 고유한 탐구대상이 없어지는 것이 아닌가하는 철학의 정체성의 위기를 가중시켰다. 이에 따라서 세가지 대처 입장이 생겨나게 되었다. ① 철학은 해체되어야 한다. ② 철학은 과학철학이어야 하며 실증과학에서 사용되는 개념이나 법칙을 정립하고 해명해야만 한다. ③ 분석철학(고유한 하나의 입장을 제시하였다.)

〈분석철학〉
> 비트겐슈타인(Wittgenstein) : 모든 철학은 언어비판이다.(Alle philosophie ist Sprachkritik.)
> 논리실증주의(Logical Positivist) : First-order discipline과 Second-order discipiline을 구분하였다.

로티(R. Rorty) : 언어적 전회(Linguistic turn) - 체계적인 학문으로서의 철학은 세계의 한 부분을 고유 대상으로 삼는 것이 아니라 세계의 부분을 대상으로 하는 실증과학의 진술체계를 대상으로 삼는다. (이 때 실증과학은 First-order discipline을 진술하고 철학은 Second-order discipline을 진술한다.) 철학은 이러한 진술체계들의 의미(어떤 조건을 충족시켰을 때 유의미하고 무의미한가)의 기준을 제시한다. 서양철학에서 이러한 철학의 자기 정의는 가히 혁명적인 것이었다. 그래서 이러한 정의를 받아들였던 철학자들은 혁명이라는 표현을 사용할 정도였다. 이러한 틀 속에서 5,60년 동안 발전하였지만 오늘날에 와서는 이러한 정의가 잘못되었다는 분석철학 내에서의 반론이 많이 나오고 있다.

② 헤겔 철학의 영향(헤겔 철학에 대한 반발)
- 헤겔 철학이란? : 헤겔 철학의 전성기는 보통 1830~1845 정도이며 그 동안 헤겔철학은 유럽의 학문을 절대자처럼 지배하였다. 헤겔 철학은 독일 관념주의 전통의 완결편이라고 할 수 있다. 이러한 독일관념론의 전통을 잠깐 살펴보자.

a〉 칸트 : 『순수 이성 비판』의 여러 특징 중의 하나가 구성주의(constructivism)이다. 칸트의 철학에는 물자체(Ding-an-sich) 개념이 일종의 한계 개념으로 나타나면서 인간에게 알려진 세계(현상계Phenomenon)와 있는 그대로의 세계(Noumenon)를 구분하게 된다. 이에 따라서 관념론의 싹이 생겨나게 된다.

b〉 Fichte, Schelling, Hölerlin : 이들은 물자체를 우리가 알 수 없다면, 그것에 대해 아무 말도 할 수 없다고 주장하였다. 그 결과 물자체가 있다는 것 자체도 부당한 전제가 되어버린다. 따라서 우리가 알고 있는 세계가 유일하고 참된 세계이며 Noumenon과 Phenomenon의 구별도 배척해야만 한다.

c〉 헤겔(Hegel) : 헤겔은 이러한 전통을 이어받아 절대관념론의 체계를 완성하였다. 즉, 그것이 인간, 사회, 자연, 역사 무엇이건 존재한다고 생각되는 모든 것은 (절대정신)absolute Geist 의 자기 발전 과정의 상이한 단계라고 주장한 것이다. 이러한 포괄적이고 방대한 헤겔의 체계에 존재하는 모든 것이 포괄되었다. 그 결과 자연, 사회, 윤리 등의 모든 영역에 대해 얘기할 수 있게 되었다. 그러나 18C의 놀라운 발전을 하고 있는 자연과학의 부문에서는 헤겔의 권위가 자연과학의 권위에 미치지 못하였다. 특히 자연과학의 진술과 헤겔의 진술은 많은 점에서 일치하지 않았다. 이에 따라서 많은 의구심과 비판이 생겨났다. 비판은 유럽대륙에서의 비판과 영국에서의 비판으로

나뉘어진다.

1) 유럽 대륙에서의 헤겔 비판 : 주로 헤겔 철학의 사회, 정치 등의 분야에 비판을 집중했다. 일례로 키에르케고르는 "거대한 체계 속에서 하나의 paragraph가 된 나를 발견하고 치를 떤다"고 비판하였다. 이에 따라 실존주의와 생 철학이 생겨난다.

2) 영국에서의 비판 :

a. 영국에서는 Stirling의 『The Secret of Hegel』부터 헤겔에 대한 관심이 뒤늦게 일어나기 시작해서 1880년대 전후해서 영국식의 절대관념론이 성립하였으며 영국 철학계를 10년간 지배하였다. 이러한 절대관념론에 따라서 자연과학적인 세계관인 상식적인 세계관이 배척당했다. 그러다가 G.E.Moore와 B.Russell이 Cambridge로 가서 절대관념론의 영향 아래서 공부하다가 절대관념론의 체계에 최초로 반기를 들었다.

b. 무어(Moore)의 비판 : 무어는 고전을 공부하다가 헤겔의 철학은 신문에서 보는 영어와는 달리 이해하기 어려운 영어라고 비판하였다. "시간이 비실제적이라면 아침에 조반을 먹고 시간이 흐른 후 점심을 먹었다. 그러면 내가 점심을 먹은 것이 앞선단 말인가? 시간이 비실제적이라는 것이 도대체 무엇을 뜻하는가?" "철학을 표현하는 언어가 이해할 수 없는 언어로 구성되어 있다면, 참거짓을 가려내기는 더 어렵다". 그리하여 진리에 앞서서 의미를 밝혀내는 작업을 해야한다고 주장하였다.(철학 사상 최초로 "의미가 진리에 앞선다"는 생각을 명시적으로

표현하였다.)

  c. 러셀(Russell)의 비판 : 러셀은 무어와는 좀 다른 방식으로 절대관념론에 반발하였다. 절대관념론이라는 것은 그것이 바탕으로 하고 있는 논리학이 잘못되어 있기 때문에 잘못이라고 주장한 것이다. 러셀은 이미 그 당시에 프레게의 논리학 저술을 읽고 있었고 그것을 철학적인 문제에 적용하고 있었다.(Quantificational Logic) : i)논리적인 언어를 전부 기호화, ii) 양화사를 사용.

※ 프레게의 양화논리학은 논리적으로 다룰 수 있는 언어의 범위를 극적으로 넓혀주었으며 논리학으로 철학을 할 수 있게 하였다.

③ 논리학의 영향

철학사에서는 그 시대의 철학함에 있어서 모범이 되는 학문이 있었다. 고대에는 기하학이 그랬고 근세에는 자연과학이 그랬으며 19C 중엽에는 다윈의 진화론이 그 모범이었다. 분석철학의 초기에 있어서 그 모델은 단연 논리학이었다.

- 아리스토텔레스 논리학과 프레게의 기호논리학 : x가 y 위에 있다거나 x가 y보다 크다고 할 때 상식적으로는 x와 y의 관계는 x,y의 바깥에 존재한다. 하지만 아리스토텔레스는 주어-술어의 논리학으로서 다룰 수 있는 언어적인 표현이 제한되어 있었기 때문에 이러한 관계를 내재화하였다. 즉 주어-술어의 논리학

에서는 "코끼리는 사람보다 크다"를 표현하기 위해서 '코끼리'가 주어, '사람보다 크다'가 술어가 되며 주어는 술어의 본성의 일부이므로 사람보다 큼이 코끼리의 본성의 일부가 된다. 그 결과 개체의 입장에서 보면 존재하는 모든 것들과의 관계가 그 개체의 의식 속에 내재하게 된다. 따라서 이 세계에 참되게 존재하는 것은 의식 밖에 없게 된다. 프레게는 이러한 주어-술어의 논리학을 양화된 기호논리학으로 대체하였다.

- 양화논리학 : 양화 논리학의 기본 도구는 원자명제, 논리적 접속사, 양화사 세가지이다. 그 당시에는 저 세 도구를 사용해서 우리가 하고 싶은 의미있는 모든 말을 표현할 수 있다고 생각하였다. 즉 아무리 복잡한 이야기라고 하더라도 원자명제를 표현하는 기호와 연결사로 표현할 수 있다. 즉 모든 문장은 원자명제로 분석될 수 있다. 이런 방법론이 환원론(Reductionism)이며 그 이면에는 구성주의(constructionism)가 있다. 이 세계는 기본적인 골격에 있어서 논리학의 기본 구조를 그대로 반영하는데 세계의 구조와 논리학의 기본구조는 근본적인 점에서 같다고 러셀은 생각하였다. 따라서 논리학의 기본구조를 파악하면 세계의 기본구조를 파악할 수 있다. 우리 언어의 구조도 기본적인 구조에 있어서 논리학의 구조와 같다. 그러므로 세계를 알려면 언어를 분석해보면 된다. 그래서 언어분석 철학이 생겨나는 것이다.

⇨ 본격적인 분석 철학의 전개는 퍼스(Peirce)나 프레게(Frege)에서부터 시작된다고 한다.

••• 일러두기와 개략

훗설의 현상학 요약

현상학의 이념 : 엄밀한 학으로서의 철학

○ 훗설 : 철학의 '정밀성' 추구 비판

근세 이후 수학의 정밀성을 본받아 철학까지도 자연과학과 마찬가지로 정밀하게 만드는 것이 철학의 이상이 되어왔다. 그러나 이렇게 구성된 학을 엄밀하다고 부를 수는 없다.

훗설이 의미하는 "엄밀학" : 수학에서와 같은 추리과정의 필연성 + 필연적 추리의 시초가 참일 것

○ 철학의 개혁

추리의 정확성도 반드시 필요 + 모든 존재와 인식의 근원인 절대적인 기반이 확보

제 1 철학이자 모든 학의 기초학으로서의 철학은 그 근거 자체도 참이어야 한다. : 자명함.

– 자명 : 그것이 참이기 위해서 다른 어떤 것에도 의존하지 않고 참인 것, 스스로 참인 것

현상학의 원리

○ 절대적 명증의 근원 : 원본적으로 부여하는 직관 – 무전제의

훗설 현상학을 가장 짧은 시간에, 가장 분명하게 이해할 수 있도록 도와 줄 글 조각이다.
특히 훗설의 현상학에 대해서 다른 교재로 공부하다 어려움을 느껴본 대부분의 전공학생들에게 만족감을 줄 것이다. 훗설의 현상학에서는 여러 가지 어려운 용어들이 나타나고 내용도 복잡한 것 같지만 플라톤과 아리스토텔레스의 철학을 이해하고 시작한다면 한결 이해하기 쉽다.

명증: 그 명증을 설명하지 않고 "단순히 받아들임".
어떤 존재 정립이건 어떤 주장이건 간에 그 정당성의 근원은 오직 의식의 직관적 소여에 있다. 그러므로 모든 개념이나 명제는 결국 근원적인 직관으로 돌아가서 증명되어야 한다. ⇨ "사상 자체에로!"
참된 의미의 실증주의자: 의식의 소여가 명증적이고 그 이상의 것(특히 형이상학)을 요구하지 않은 채 철학을 전개하고자 하기 때문. '방법적 실증주의'

심리학주의와 그에 대한 훗설의 비판

○ 심리학주의
- 주장: 수학적 추리나 논리적 사고도 인간의 심리현상, 따라서 심리학이 모든 과학의 기초 역할을 할 수 있다.
- 훗설의 비판 : 심리학주의의 입장에 따르면 자연현상을 물리학으로 설명하려는 것과 동일하게 논리학도 심리적인 것이고 귀납적인 것이 됨. 심리학주의는 상대주의와 회의주의로 감. (이리하여 훗설은 진리 객관주의를 수용하게 된다.)
○ 지향성 개념의 수용: 진리 객관주의 수용과 논리가 의식에 의해 생각된다는 점 설명.
- 브렌따노(Brentano)의 지향성 개념
  심리적 현상은 "대상의 지향적 내재"라는 점에서 물리적 현상과 구별된다. 의식은 반드시 "~~에 대한" 작용으로서 그 대상을 지향적으로 소유하고 있다. (진리객관주의와 지향성 개념에 근거하여 훗설은 다음과 같이 심리학주의를 비판한다.)
○ 훗설의 심리학주의 비판
  심리학주의는 의식작용과 의식내용(의식대상)을 혼동하고 있다. : 사실로서의 의식작용은 시간적으로 생성되고 인과적으로 규정가능 하지만, 의식내용 즉 지향적 대상은 초시간적이고 객관적인 의미존재이다. 심리주의는 이것을 구별하지 못함.
○ 훗설과 브렌따노의 차이점
− 브렌따노 : 대상과 의식의 관계가 일대일 대응이라는 정적인 관계라고 파악.
− 훗설 : "의식은 대상을 형성하는 주체로서 동적 관계"를 맺는다. 대상을 대상으로 성립케 하는 작용이 의식의 지향관계이다.
  : 노에시스-노에마의 관계.
○ 프레게 식의 논리주의와의 차이점
− 같은 점 : 논리학의 대상이 보편적, 객관적이다.
− 다른 점 : 그것이 인식주관과 동떨어진 것은 아니다. (논리주의에서는 대상과 의식의 관계에 주목하지 않는다.) 대상은 어디까지나 인식된, 지향된 대상이어야 한다.

훗설의 기술적 심리학과 현상학

○ 기술적 심리학 : 훗설의 초기 사상.
− "대상성으로부터 이것을 의식하는 주관적 체험 및 활동적 형성

작용에로 되물어 가려는 시도 및 과제"를 제시. 대상을 직접 문제삼지 않고 대상을 형성하는 지향작용을 분석, 기술하는 것.
- ○ 훗설 자신에 의한 기술적 심리학 비판 : 이것은 경험과학과 동일한 작업.
- 대안 : 현상학은 순수 기술이어야 한다. 즉, 현상학은 경험적 심리학이 아니라 이것에 기초를 주는 "체험의 순수 본질론"이어야 한다. 사실학이 아닌 '선험적(a priori)' 또는 '형상적' 학문으로서의 본질학. (그리하여 훗설은 "형상적 환원(=본질직관)"에로 논의를 진전시킨다.)

형상적 환원

- ○ 형상적 환원 = 본질직관 : 본질의 파악이 현상학의 가장 중요한 과제.
- 본질: "어떤 사물을 바로 그 사물이게끔 하는 것, 그것 없이는 그 사물과 같은 것을 도저히 생각할 수 없는 필연적 형식"
- 형상적 환원: 사실의 세계로부터 본질, 즉 형상의 세계로의 전환을 의미.
- ○ 본질직관의 세 단계:
  1) 자유변경 : 어떤 대상에서 출발하여 자유로운 상상에 의하여 무한히 많은 모상을 만들어 간다.
  2) 이 모상의 다양 전체에 있어서 서로 겹치고 합치하는 것이 종합-통일된다.

3) 여기에서 이 자유변경 전체를 통해 영향받지 않는 불변적인 일반성, 즉 본질을 가려내어 이것을 직관에 의하여 능동적으로 포착한다.
○ 이러한 본질직관, 즉 "자유변경"의 근본적 특징: '임의성'
(1) 변경의 출발점이 임의적인 것이고, (2) 이 임의의 원상을 변경하여 다양한 모상을 만들어 갈 때에도, 임의로 형성해 간다는 것이다.
- 이렇게 순수 가능성의 세계에 들어선 다음에, 임의로 이루어지는 무한히 다양한 변체들을 계속적으로 파지하면, 그 계열 내의 모든 임의의 변체들은 서로 중첩되는 일치에 이르러, "순전히 수동적으로 종합적인 통일"에 이른다.
○ 훗설의 개체와 본질의 의미 설명: 아리스토텔레스적 실재.
- 이유 : 훗설에게 있어서 개체는 언제나 본질을 소유하고 있어서, 개체는 그 본질을 소유하고 있기에 그러한 개체라 할 수 있다.
○ 개체직관과 본질직관
  - 개체의 직관은 그 속에 내포된 본질의 파악없이는 단순한 인상들의 집적에 불과. 개체 직관은 본질직관의 가능성 위에서만 가능. 역으로 본질직관은 해당 개체에로 시선을 전향하는 가능성 없이는 불가능.

선험적 환원(=현상학적 환원)

○ 초재(超在)와 내재(內在)의 구분 및 초재에서 내재로 들어감

〉의식 초월적인 본질 : 의식에는 간접적으로만 알려지는 본질이다.
〉의식 내재적인 본질 : 의식에 그대로 현출되는, 따라서 직각적으로 파악되는 본질. (여기서 말하는 '초월적인' 것은 경험적인 것을 의미하며 '내재적인' 것은 선험적인 것, 그래서 의식 속에 원래 있는 것을 의미한다고 대략적으로 이해할 수 있다.)
⇨ 훗설의 본질직관: 내재적 본질의 직관적 파악.
이런 본질직관이 가능하기 위해서는 내재적 영역에로 들어가야 한다. : 자연적 태도에 대한 "판단중지"를 제안.

○ 자연적 태도
- 현상학적 환원: 초월에서부터 내재로의 환원, 즉 의식 초월적인 세계로부터 의식 내재적인 세계에로의 환원. ⇨ 문제점 : 형상적 환원을 통해 우리는 진정 사실과의 완전한 결별을 이룰 수 있는가?
여기서 훗설은 우리의 "자연적 태도"에 대한 반성을 촉구한다.
- 자연적 태도란? : 우리가 일상 생활에서 취하고 있는 태도. 우리는 보통 사물을 지각할 때 그 대상이, 그리고 그 총체인 세계가 지각된 그대로 객관적으로 실재한다고 소박하게(상식적으로) 확신하고 있다. 이러한 세계확신을 수반하는 생활태도.
판단중지의 요청 : 이러한 세계정립과 존재결부를 의식하고, 이것을 의식적으로 무력화.

○ (좁은 뜻의) 현상학적 환원(판단중지)을 하는 이유 = "명증"을 얻기 위해.
엄밀학으로서의 현상학이 "무전제의 원칙"을 요구

- 무전제의 원칙이란? : 현상학적으로 완전히 실현될 수 없는 모든 언표를 배제하는 것. 즉 현상학적으로 명증적이라는 뜻.
O "명증"의 뜻과 두 가지 계기 : 그것은 '충전적' 이면서 동시에 '필증적'.
  〉충전적 : 원본적 직관에 의해서 있는 그대로 파악 가능함을 충전적이라 한다.
  〉필증적 : 어떤 것이 존재하지 않는다거나 의심스럽게 된다는 것이 불가능함을 필증적이라 한다.
O 현상학적 "명증"의 영역 = 절대 명증의 세계 = 내재적 영역
    외적인 사물을 우리는 그것이 "음영을 지니고 나타난다"는 사실을 통해서 지각한다. 즉 사물은 우리에게 한 측면만을 보여준다: 사물의 파악은 "충전적"이 아님.
    또한 그것이 "음영을 지니고" 나타나기 때문에 나의 지금의 파악은 이후에 틀렸다고 밝혀질 수 있다. "필증적"이 아님.
    그러나 체험의 대상은 공간적이 아니기 때문에 음영진 파악이 되지 않고 전체적으로 남김없이 의식에 주어진다. 그러므로 그 파악은 "충전적"이 된다. 그리고 이 영역에는 가상, 또는 다르게 있음이 존재할 여지가 없다. 즉 "필증적" 파악이 된다.
O 판단중지
    현상학적 환원: 명증적인 현상학적 영역에 도달하기 위해서.
    이 환원은 의식 초월적인 실재와 또 그 총체인 세계에 대해서 소박하게 수락되어 있는 일체의 존재 정립을 주장하거나 거부

하는 것을 보류. + 이 정립의 현실적 지배를 '무력하게 하고', 그 소박하게 포함된 확신을 힘을 '배제하며', 그 정립을 '괄호 친다'. = '판단중지'.
- 판단중지의 의미: 명증적이 아닌 모든 초재적인 것의 배제, 제거
- 현상학적 환원: 판단중지 + "선험적 환원"

⇨ 그러면 '선험적 환원'이란 무엇인가?

○ 선험적 환원
- "선험적"의 훗설적인 의미 : 훗설에게 있어서 "인식 형성의 원천으로 되물어 가려는 동기"는 모두 다 "선험적"이다.
- "선험적" 태도의 적극적 의의 : 선험적 태도를 단지 대상에서 부터 주관으로의 방향전환으로만 해석해서는 안된다. 의식주관은 판단 중지에서 모든 초월적인 것이 배제되고 남는 '현상학적 잔여'에 그치지 않고 보다 적극적으로 대상을 존재케 하는 생산적 기능을 가진 존재이다. 이 생산적 기능이 바로 "선험적"이라는 개념의 핵심이다.
- 선험적 환원: 즉 우리는 소박하게 수락되어 있는 일체의 정립에 대해서 판단중지함으로써, 밖으로 향한 우리의 시선을 인식주관과 그 대상형성작용으로 돌려, 인식이 어떻게 이루어지는가를 살필 수 있는 자유를 얻음.

7. 순수의식

○ '절대적 존재' 로서의 의식과 초월적 실재
- 절대적 존재로서의 의식: 의식은 초월적 세계와는 전혀 독립해 있고, 원칙상 그 현존을 위해서 아무 사물도 필요로 하지 않는다.
- 초월적 실재: "경험된 사물로서의 사물". 의식 너머에 초월해 있는 경험적 대상들. 의식에 대해 상대적. '의미의 통일' 을 지니고 있고, 이 의미를 부여하는 것은 주관이며 의식이다.
- "구성(Konstitution)" : 실재가 그 자체의 의미를 얻는 과정

○ 순수의식의 대상 형성 : 질료 + 노에시스 + 노에마의 구성.
1) 질료 : 우리의 감각에 주어지는 여러 감각 여건들.
2) 노에시스(noesis) : 이 질료에 의미를 부여함으로써 지향적 대상을 성립케 하는 대상 형성 작용.
3) 노에마(noema) : 노에시스의 대상 형성 작용에 의해서 성립된 대상.
4) 구성(konstitution) : 노에시스가 질료를 소재로 하여 노에마를 형성하는 것이다.

○ 노에마의 성격
〉 질료와 노에시스(대상형성 작용)는 의식에 "내실적(reell)"으로 내재한다.
〉 그러나 노에마(대상)은 의식을 초월한 존재. 판단중지에 의해 일단 배제된 후에 인식주관의 상관자로서 현상학적 의식 속에 되살아 남. 이 때부터 초월자는 단지 '현상' 으로서 다루어짐.

○ '현상학적 내재'의 의미 변화 : 내실적 내재(순수의식의 체험류) 외에도 주관에 의해서 구성된 모든 지향적 존재도 현상학적 내재에 포함된다. 즉 '현상'.
○ 이중적 존재로서의 주관: 정신물리적 주관 + 선험적 주관
　〉정신물리적 주관(심리학적 주관) : 자연적 태도에서 보는 주관. 심리학의 탐구 대상
　〉선험적 주관 : 선험적 태도에서 보는 주관. 세계를 구성하는, 의미를 부여하는 선험적 주관.
　– 훗설의 심리주의 비판: 심리주의는 이와 같은 주관의 양의성을 이해하지 못했다.

선험적 관념론

○ 선험적 현상학은 선험적 관념론 : 존재란 오로지 현상으로서의 존재만을 의미.
○ 훗설의 관념론: 관념적 존재를 객관적 인식 일반의 가능 조건으로 인정함으로써 관념적 존재를 심리학적으로 해석하지 않는 인식론의 형식이다.
　모든 대상은 의식의 구성작용의 산물이다. 즉 구성작용으로서의 주관이 객관에 앞선다.
○ 훗설 관념론의 특징
　– 심리학적 관념론(흄, 버클리)과의 차이 : 훗설이 보기에 심리학적 관념론은 심리주의에 빠진 관념론이다. 이와는 달리 선험적

관념론은 '무의미한 감성적 자료에서 유의미한 세계를 도출' 하고자 한다.
- 칸트 철학과의 차이 : 칸트는 "최소한 한계 개념으로서의 물자체의 세계의 가능성"을 전제. 그러나 훗설에 의하면 우리의 순수의식 밖의 그 무슨 물자체와 같은 것을 인정할 수 없다. 즉, 선험적 주관성의 세계에서는 그 밖이란 무의미하다.
- 존재하는 것은 오로지 선험적 주관과 거기에서 구성된 형성체 뿐. 모든 것은 주관에 대해서 상대적이요, 주관은 여기에 절대성을 띠게 된다. 모든 실재, 세계는 의미를 부여하는 '절대적 순수의식' 과 관련된 의미 통일체이다.
○ 선험적 관념론의 과제: 세계의 의미를 해명하는 것. (심리학적 관념론처럼) 실재적 세계의 현실적 존재를 부정하거나 또는 가상이라고 단정하는 것은 아니다.

절대적 관념론과 그 한계

○ 절대적 관념론: 실로 모든 존재는 절대적 주관과의 관계에 있어서만 존재한다.
- 선험적 주관성은 '그 자신 완결된 존재관련' 이다. 다시 말하면 그것은 존재 일반의 원범주 내지 원영역이요, 모든 다른 존재 영역이 거기에 뿌리박고 있으며, 따라서 본질적으로 거기에 의존하여 있는 절대적 존재이다. 따라서 선험적 관념론은 다른 여러 철학 중의 한 철학이 아닌 절대적 관념론이다.

○ 의식과 실재와의 또 하나의 관계: "원리 상의 구별", 또는 "원칙 상의 이질성"
- 실재는 결코 의식에 환원될 수 없으며 어디까지나 의식 초월적이라는 뜻이다.
○ 선험적 절대성 = 현상학적 절대성. 하지만 절대적 절대성은 아니다. 현상학적 주관성은 그것이 존재하기 위해서 다른 아무 것도 필요로 하지 않는다는 의미에서 절대적 주관성이다. 더 나아가서 모든 실재의 가능 조건이라는 의미에서, 즉 상대적인 이차적인 실재에 대해서는 절대적 선험적 주관성이다. 그러나 이 주관성의 절대성은 선험적 절대성일 뿐이다. 주관이 세계가 가지고 있는 모든 의미와 객관성을 창조하지 못한다는 점에서 실재의 한 필요조건일 뿐 충분한 원인은 아니다. 따라서, 선험적 절대성은 '현상학적 절대성' 이지 '절대적 절대성' 은 아니다.
○ 엄밀한 학으로서의 철학의 실패?
훗설은 애초부터 그 전제도 절대적으로 참인 학문을 찾아서 현상학을 시작하였다. 그러한 절대적인 명증을 위해서 판단중지를 거쳐서 순수의식에로 들어왔다. 그렇지만 막상 이제 세상에 대해서 의미있는 말을 하고자 하니까 주관 안에서 찾을 수 없는 사실성을 설명할 길이 없다.
⇨ 〈선험적 관념론에서 생활세계적 현상학으로〉

10. 생활세계적 현상학

○ 생활세계의 의미
- 생활세계: 일상적 상식적 세계. (훗설의 용어에서) 자연적 태도에서 체험되는 일상적인 세계. 자연과학적 사고의 색안경으로 본 세계가 아니라 우리에게 직접 주어지고 느껴지는 자연. 모든 이론, 논리에 앞서서 우리의 감각에 최초로 직접적으로 나타나는 세계 ⟵ 현대인의 상식은 자연과학적 사고에 물들어 있다. 즉 지구는 공전, 자전하고 있고 또 둥근 것(자연과학적 지식)이다. 하지만 우리가 느끼는 느낌으로는 지구가 정지해 있고 평면(생활세계)이다.
※ 훗설이 현상학적 환원에서 배제한 자연적 태도: 자연과학주의적인 자연적 태도.
- 생활세계 현상학: 생활세계를 중심으로 함. 과학에 앞서는 "선논리적 세계에로의 귀환"을 의미.
- 생활세계적 환원의 요구: '술어적인 명증'의 근원을 '선술어적 명증'에서 찾으려는 시도. 학문적 논리적 명제는 생활세계적 체험이 추상되고 논리화된 것이니, 명증성이라는 관점에서 본다면, 생활세계적 환원이 더 근원적인 것이다.

○ 선험적 현상학에 이르는 훗설의 두가지 길
〉생활세계를 통한 길(=고전적 현상학) : 객관적 학문에 대한 판단중지에 의해서 생활세계에 도달하고, 이것은 다시 선험적 환원에 의해서 선험적 주관에까지 소원되어야 한다는 해석. 따라

서 생활세계는 주관작용의 결과로 형성된 의미적 세계가 된다.('고전적 관념론')
〉종착점으로서의 생활세계(=생활세계적 현상학) : 훗설에 있어서 순수 노에시스학과 순수 질료학은 동등한 자격을 가진다. 생활세계적 현상학은 고전적 현상학이 노에시스 작용에 치중하듯이, 생활세계적 현상학은 질료 쪽에 더 비중을 둔다는 데 그치지 않고, 훗설의 현상학을 전적으로 질료의 면에서 해석하려는 경향을 가리킨다.
- 신체적 주관: 생활세계적 현상학에서의 생활세계는, 선험적 주관의 노에시스 작용에 의해서 구성된 의미현상으로서의 세계인 "구성된" 세계가 아니라 "체험된" 세계이다. 그리고 이 체험의 주체는 이론적인 주관이 아니라 "신체를 지닌 주관"이다. 이 신체적 주관이 직접적으로 체험하는 세계가 바로 생활세계이고 여기서 최후의 명증을 구하는 견해가 바로 생활세계적 현상학이다.
○ 생활세계적 현상학
- 고전적 현상학과의 차이점 : '질료'를 바라보는 관점.
  〉고전적 현상학: 질료는 그저 '주어진 것'
  〉생활세계 현상학: 질료학. 이 질료가 어떻게 주어지는가를 묻는다.
- 질료란 동기지어진 결과이다. : 우리가 보는 상은 '만일에(wenn)' 내가 눈을 이렇게 돌리면, '그러면(so)' 이렇게 보이고, '만일에' 저렇게 돌리면, '그러면' 저렇게 변한다. 질료란 이렇

게 'wenn'이라는 동기를 주는 계기에 의해서 '동기지어진' 결과(so)이다.
- 운동감각(Kinathese)이란? : 운동감각이란 운동(kinesis) + 감각(aisthesis)이다. 운동이란 신체의 운동이요, 따라서 이 말은 우리의 감각이 신체의 운동과 밀접히 연관되어 있음을 나타내고 있다.
- 신체란 무엇인가? :
1) 외적으로 볼 때 다른 여러 사물과 서로 인과관계를 갖는 사물이면서, 동시에 다른 모든 것에 대해서 언제나 '여기'로서의 방위중심을 이룬다.
2) 신체는 내적으로 볼 때 자발적이며 자유로운 자기운동을 할 수 있는 의지기관이다.
3) 감각적 질료는 물론 주관이 만들어내는 것이 아니다. 그러나 질료의 주어짐은 '자기운동(Ich bewege mich)'이라는 신체의 자발성을 기초로 해서만 가능하다. 우리는 사물을 지각할 때 사물과 더불어 그 배경으로서의 세계도 동시에 지각하는데, 이런 세계 또는 지평이라는 개념은 "만일에 내가 나의 경험을 이러저러하게 더해 나간다면"이라는 배경의식에서만 성립하는 것이다.
4) 이 신체는 세계 및 타 사물들 속에 있으면서 이 사물들과 세계를 밝혀내기도 한다.
- 생활세계 : 이러한 신체에 의해서 직접적으로 체험되고 있는 세

계. 선험적 주관의 능동적인 구성작용(노에시스)에 앞서서 수동적으로 주어져 있는 세계. 이른바 논리적, 술어적 세계에 앞선 "선술어적" 영역.
- 선술어적 : 주관의 능동적 작용이 없는 수동적, 그래서 주관작용에 물들지 않은 질료 소재의 영역.
- 수동적 종합: 인상들 상호간의 자발적인 결합. 선술어적 영역에 있는 수동적 질료의 영역에 포함된, 서로 동질적인 것끼리 모이고 이질적인 것끼리 대조를 이루고 하는 연합의 법칙에 의해 생긴 나름대로의 질서.
  예) 아직 주관에 의해 파악되지 않은 "자동차 소리"도 그 속에 자동차 소리로 파악될 어떤 통일성을 지닌 것으로 받아들여지고 있다. 이때의 소리 속의 수동적 통일성과 질서가 수동적 종합이다.
- 잠재적 질서 : 이러한 질서가 물론 논리적, 술어적인 드러난 질서는 아니지만, 그러나 결코 혼돈은 아닌, 따라서 일종의 질서라고 할 수 있는, 그리고 장차 거기서부터 술어적인 질서가 파악될, 그러한 질서를 선술어적 영역은 이미 가지고 있다. 즉 잠재적 질서라 할 수 있다.
- 잠재적 질서의 성격 : 이것은 객관적 사실계의 질서는 아니다. 그것은 신체적 주관과 외계와의 관계에서 생긴 것, 즉 의식된 것이기 때문이다. 그러나 그렇다고 주관 자체는 더욱 아니다. 이것은 주관의 선천적 기능에 의해서 규정된 것이 아니기 때문이다. 생활세계적 현상학과 고전적 현상학의 관계: 생활세계적 현상학이 고전적 현상학의 기저를 마련해 주는 관계.

••• 현대 철학
해석학

○ 해석학 : text의 올바른 이해를 중심과제로 삼는 학문이라고 할 수 있다.
○ 해석학(hermeneutic)이란 용어 : 그리스 신화에 나오는 신들의 전령인 헤르메스에서 유래(헤르메스의 역할이 신과 인간을 중재하여 신의 말을 인간들이 이해할 수 있도록 바꾸어 전하는 것)특히 르네상스 시기의 고전에 대한 문헌학적인 연구와 성서의 통일적 해석을 위한 기술로서 여겨지던 해석학이 학문적인 외양을 갖추게 된 것은 Schleiermacher에 와서이며 Heidegger와 Gadamer에 와서 해석학은 더욱 심화되어 해석학적 철학이 성립한다.

슐라이어마허의 해석학

슐라이어마허는 피히테의 초월철학과 낭만주의를 자신의 체계 안에 흡수해서 그 때까지의 무르익은 해석학적인 통찰을 정리하고 그의 이전의 Ast나 Wolf등의 실제의 성서 해석이나 실용적인 법 해석에서 얻은 하나하나의 개별적인 해석학적 통찰의 한계를 극복하고 모든 text에 구별없이 적용되는 이해의 방법으로서의 보편적 해석학의 이념을 제시하여 해석학을 학문으로서 성립시켰다.

그는 이해를 저자의 정신적 과정의 추체험(追體驗: Nacherleben)으로 규정한다. 왜냐하면 저자의 창작활동이 자신이 갖고 있는 정신적 내용물을 객관적으로 외화하는 과정임에 반하여 이해활동이란 그 객관화되어 고정된 표현을 통해 그것이 연원한, 저자의 정신적 삶에 도달하는 과정이기 때문이다. 그에 따라 슐라이어마허는 이해를 문법적 해석 (텍스트의 의미는 저자와 그의 원독자들이 공유하는 언어의 영역을 기준으로 이해되어야 한다)과 심리적 해석의 두 부분으로 나누어 체계화시켰다.

그는 또한 독일 관념론 철학자인 피히테의 영향으로 저자의 부분적인 생각들은 활동적이며 유기적으로 발전하고 있는 주체의 통일성에 관련되어 이해되어야 한다고 주장함으로써 개체성과 전체성의 관계를 낭만주의 해석학의 촛점으로 부각시켰고 이로부터 유명한 '해석학적 순환' 의 테제를 정립했다.

딜타이(Dilthey)의 해석학

그의 중심문제는 "모든 인간 연구의 기반이 되는 이해행위의 본성은 무엇인가?"

딜타이는 자연과학적 인식이 인간의 경험의 총체로서의 '생' 을 적절히 인식할 수 없으며 그런 한에서 인간의 정확한 이해에 도달하지 못한다고 생각하고, 칸트가『순수이성비판』을 통해 자연과학적인 인식의 기초를 세운 것처럼『역사적 이성 비판』을 통해 인간 연구의 인식론적 기반을 세우려했다. 인간을 이해한다는 것은 자연과학의 정태적인 범주에서는 찾을 수 없는 우리 존재의 역동성, 역사성의 의식을 회복하는 것이다. 인간의 '생'은 '생' 그 자체의 경험(느낌, 의지)으로부터 이해되어야 하며 어떤 외부적인 범주 – 예를 들어 자연과학의 '힘' –를 통해 인식될 수 없다. 그는 이러한 맥락에서 로크, 칸트 등의 '(자연과학적으로) 인식하는 주체'의 혈관에는 피가 흐르지 않는다고 비판한다.

〈정신과학 vs. 자연과학〉
정신과학의 대상은 인간의 내적인 과정에 영향을 줄 때에만 의미있는 그러한 사실 또는 현상이다. 정신과학과 자연과학의 대상을 나눌 수 있게 하는 것은 대상 그 자체의 성격이 아니라 대상과 인식주관의 관계에서의 맥락이다. 정신과학의 영역에서는 자연과학적 방법으로는 다가갈 수 없는 타인의 내적 경험의 이해 (이것은 곧 이해 대상이 속해있는 사회 역사적인 세계에 대한 인식이다)에 도달할 수 있는데, 그러한 이해가 가능한 것은 나의 정신적 경험과 타인설명은 인과적인 범주를 통한 인식방법이며 그 안에서 개체는 단지 일반적인 지식을 얻기 위한 수단으로만 받아들여지나 인간의 내적 삶의 의미를 인식하는 방법인 이해의 영역에서는 개체는 개체 그 자체로 평가된다. 이렇게 정신과학은 환원주의적이고 객관주의적인 자연과학의 한계를 넘어서 삶, 즉 인간 경험의 총체성에 도달하여야 한다.

베티의 해석학적 입장

가다머에 대한 베티의 반대는 ①가다머의 해석학이 인문학의 방법론, 즉 올바른(객관적인) 해석과 그렇지 못한 해석을 나눠주는 잣대로서의 역할을 하지 못하고 ②이해행위의 객관성을 위협한다는 것이다. 이해 행위의 주관적인 계기(moment)는 해석에 있어 필수적이지만 대상의 이해는 주관적인 실존적 의미 부여(Sinngebung)와는 구별되어야 한다.

그는 이해의 대상은 인간정신이 지각될 수 있는 형태로 객관화된 것이며 이해 행위란 작품을 만든 사람이 작품에 구현할 수 있었던 의미의 재인식, 재구성이라고 한다. 이 때 이해의 대상은 해석 주체에 독립적으로 존재하는 관념적인 객관성을 가지는 것이며 해석 행위는 해석의 대상에 자신의 주관성을 투사하는 것과는 구별되어야 한다. 객관적인 의미형식, 정신의 객관화(objectivation of mind, 객관화된 정신)가 상호주관적인 해석행위의 출발점이자 해석의 결과의 객관성의 가장 기본적인 요소이며 해석을 형이상학과 구분시켜주는 요소이다. 그는 "sensus non est inferendus sed efferendus"하는 모토 아래서 Auslegung을 해석의 유일하게 유효한 타당한 형식이라 하고 그것에, 경험에 앞서는 직관과 그 체계의 정합성에 의존하는 speculative Deutung을 대립시킨다.

하지만 그가 완전히 객관주의적인 입장을 고수하는 것은 아니다. 그는 의미 이해의 주목성(topicality: 실재성 Aktualitat)을 얘기하면서 모든 이해에는 해석자 자신의 거리(stance)와 관심이 개입된다는 것을 인정한다. 이해 행위가 단지 수동적인 수용은 아니다.

그러나 텍스트는, 비록 해석자의 선이해(pre-understanding)에 의해 조명된다 하더라도, 해석자의 그러한 선이해를 강화해 주기 위해 있는 것이 아니라 무언가 해석자가 모르는 것, 그래서 해석자의 이해행위에 독립적으로 존재하는 것을 해석자에게 말해주기 위해 있다고 함으로써 가다머를 비판한다.

하이데거의 해석학적 입장

딜타이와 마찬가지로 하이데거도 칸트 철학의 메타 비판으로 자신의 철학을 구성한다. 하지만 딜타이는 지식의 논리적 기반을 넓힘으로써 이해의 가능성의 조건을 탐구한 반면 하이데거는 존재론적 관점에서 비판한다.

하이데거에 있어서 이해란 세계내 존재의 구성요소로서 이 세계 안에 있는 어떤 것이 아니라 경험적 수준에서의 실제적인 이해가 있는 것을 가능하게 하는 존재의 구조이다. 그런 의미에서 이해는 모든 해석의 기반이며 존재와 근원을 같이하며 모든 이해행위에 내재해 있다.

해석적 이해의 가능성의 세 조건. 이해의 선구조의 계기

      Vorhabe - 미리 가지는 것. 즉 맥락에 따른 의미의 예기

      Vorsicht - 미리 보는 것. 이해가 수행될 관점의 수용

      Vorgriff - 미리 잡는 것. 우리의 이해는 언어를 통한 이해.

가다머의 해석학적 입장

하지만 가다머는 타인의 개성을 직접적으로 파악하기 위해 정말로 해석자가 자기자신으로부터 빠져나와서 자신을 저자로 변형시킴으로써 저자의 정신적 과정을 포착하여 저자와 해석자간의 시대간격(時代間隔:Zeitabstand)을 뛰어넘을 수 있는가를 묻는다.

이 점을 명백히 지적해주고 있는 것이 하이데거의 해석학적 현상학이다. 모든 이해는 그 상황의 지평(Situationshorizont)을 가지고 있고 현존재의 근본적인 유한성과 역사성에 따라 역시 그 이해도 유한성과 역사성으로부터 벗어날 수 없다. 이러한 유한성은 결코 어떤 결핍 상태, 극복되어져야 할 부족상태가 아니라 현존재의 고유한 근본상태로서 바로 이해의 기반이 된다. 현존재가 유한적이라는 것은 현존재가 세계내 존재로서 시간에 의해 규정된다는 것을 의미하고 여기서 현존재의 역사성(과 따라서 모든 이해의 역사성)이 도출된다. 인간이 역사적 존재라는 것은 그가 전승 속에서 있다는 것(in Uberlieferung stehen)이며 이것은 또한 인간에게 선판단이 주어지고 그의 자유에 한계가 있다는 것을 의미한다.

해석 주관의 역사성은 그의 판단의 가능근거로서 선판단의 근원이 되는 전통을 필수적인 것으로 요구하고 우리는 그 한계를 벗어날 수 없다. 그래서 가다머는 사실상 전통은 역사 자체라고까지 말한다. 우리에게 있어서 이해의 대상은 결코 거기에 단지 그렇게 있는 것(was einfach da steht)으로 존재하지 않는다. 객관주의적 해석학에서 이해를 정신과학의 올바른 길을 인도해 줄 방법으로 보는 반면 하이데거와 가다머에 있어서의 이해란 그것 또한 하나의 역사적 사건(Geschehen)으로서 고정되지 않고 역사적 변화와 더불어 움직이는 하나의 운동(Bewegung)인 것이다.

가다머에 대한 하버마스의 이해와 비판

1) 하버마스는 가다머가 이해행위에서 작용하고 있는 반성의 힘을 잘못 파악함으로써 해석학이 전통연관에 의해 부수주의적인 측면을 띠게 된다고 비판한다. 하버마스는 의식이 역사성을 가지고 어느 주어진 상황 하에서 활동할 수 밖에 없다는 것,

어떤 역사로부터 초월한 관점이 해석자에게 허용되어 있지 않다는 것을 인정하지만 그럼에도 불구하고 의식은 자신의 발생사(Stehungsgeschichte)를 돌아보고 되추적하여 자신의 선입견의 근원, 즉 자신이 몸담고 있는 전통의 뿌리를 살펴봄으로써 그 구속에서 벗어날 수 있고 이것이 정신의 반성의 힘이고 또한 비판의식이라는 것이다. 가다머는 이해 안에서 작용하는 반성을 전통의 동화(Aneigung)라는 측면에로만 제한하고 있다는 것이다.

2) 하버마스는 가다머에게 '해석학적 선취(Vorgriff)의 불가피성에서 정당한 선판단(legitimes Urtel)의 존재로 나아갈 수 있는가? 하고 묻는다. 가다머에게 있어서 이해란 과거와 현재가 작용사적으로 중재되는 사건이기 때문에 선판단 없는 이해는 생각할 수조차 없다. 따라서 계몽주의 사상가들에 의해 선입견(Voreingenommenheit)으로 폄하된 선 판단의 재평가와

그 원천인 전통의 재인식이 가다머에게 중요한 것은 당연한 일이다. 하지만 하버마스는 이해의 조건으로서의 선판단의 구조 분석이 올바르다 하더라도 그 속에는 비판적 의식이 결여되어 있다고 비판한다. 하이데거 식의 해석학적 현상학의 영향을 받은 가다머는 자신의 작업이 해석학의 올바른 방법론을 세우는 것이 아니라 단지 이해과정을 그대로 묘사할 뿐이라고 하는데 설사 이해의 전통에 대한 구조적 귀속성(Zugehorigheit)이 사실이라고 하여도 그것으로부터 현재 진행되는 이해와 그 근거로서의 선판단이 정당하다는 결과는 나오지 않는다. 하버마스는 단지 선판단의 조정으로 도달되는 해석학적 이해가 애당초 잘못된 선판단에 의해서 유도된 이해로 귀착될 수 있다는 가능성의 범례로 체계적으로 왜곡된 의사소통(sysematisch verzerte Kommunikation)의 영역을 제시한다. 이 영역에서는 해석학적 이해는 자신의 한계를 경험하게 되고, 그 한계의 극복을 위해서는 메타해석학으로서 심층해석학(Tiefenhermeneutik)을 수용해야 한다. 여기에서는 해석학적 이해가 도달할 수 없는 바의 왜곡된 의사소통의 근원을 장면적 이해의 방법을 통해서 성취한다. 장면적 이해란 정신분석학에서 빌어온 개념으로 언어의 체계적인 왜곡으로 이끌었던 최초의 갈등상황 혹은 어린 시절의 장면을 지적해내어 재구성함으로써 갈등을 유발하는 요구들을 탈상징화로부터 끄집어내어 다시 상징화할 수 있는 가능성을 부여받는다. 이것은 또한 딜타이로부터 설명과 대립된 관계로 이해되어 온 이해의 개념에 새로운 조망을 제공한다. 왜냐하면 해석학적 이해와는 달리 이러한 장면적 이해의 영역에서는 체계적으로 왜곡된 표현들의 의미내용의 원인들을 추적하여 증후적인 장면의 생성을 그 왜곡 자체의 시초조건과 관련시켜 설명할 수 (erklären) 있어야 비로소 이해불가능한 삶의 표현의 의미가 이해 (verstehen)되기 때문이다.

3) 가다머는 전승의 존재방식이 언어이고 또한 언어만이 이해될 수 있는 존재라고 한다. 세계경험의 총체로서 언어는 수평적으로 인간의 실천적인 의사소통의 매개일 뿐 아니라 수직적으로는 인간역사활동의 담지자이다. 그러나 이러한 가다머의 언어에 대한 해석학적 고찰은 하버마스에게는 일면적인 고찰로 비판된다. 이것은 언어로서 모든 것을 포괄하고자 하여 언어와 대등한 위치를 갖는 여타의 객관적인 연관을 도외시하기에 언어성의 관념론(Idealismus der Sprachlichkeit)이라는 것이다. 언어 역시 문화적 전승으로서 지배자 및 사회적 권력의 매개로서 작용하는 이데올로기일 수 있다는 것을 가다머는 간과하고 있는 것이다. 사회적 행위의 전체적인 이해를 위해서 이데올로기 비판은 가다머식의 해석학과는 달리 언어 이외의 다른 객관적인 연관-예컨대 노동(Arbeit)과 지배(Herrschaft)-들을 함께 고려해야 한다. 이러한 범주들의 상호연관에 의해 언어성은 상대화되어야 한다.

••• 현대 철학

퍼스의 철학 소개

퍼스(C.S. Peirce) 철학의 철학사적 의미

퍼스는 실용주의 철학을 최초로 정립한 철학자로서 (보통) 실용주의의 창시자

실제로 그보다 더 광범위한 철학적 기여를 하였는데 논리학, 기호학에 대한 큰 기여

그는 분석철학적인 사유의 틀을 마련해 준 두 사람 중의 한 명

⇨William James의 Pragmatism의 원리 정립에 있어서 결정적인 영향을 끼침.

분석철학의 시초기에 있어서 퍼스(Peirce)가 중요하게 다루어지는 이유

○ 퍼스의 철학에서는 혁명가적인 의식이 강하게 나타난다.
- 주장 : 철학이 새로운 논리학 없이는 할 수 없으며 자연과학이 철학에 의해서 올바르게 정립되어야 한다. 철학적인 사유에 있어서 언어와 의미 분석의 중요성을 계속 강조.

○ 분석 철학과 실용주의와의 묘한 관계 :
   실용주의와 분석철학은 별개의 학풍.

하지만 분석철학의 시동기에서 퍼스의 매개로 둘 사이에 일치하는 부분이 생긴다.

초기 분석철학자들이 유럽(그 중에서도 오스트리아) 출신인데 비해 퍼스는 영국에서 와서 철학을 하였다. 30년대 중반을 넘어서면서부터 전운이 유럽에 감돌자 미국으로 건너온다.

분석철학이 미국화하는 시점은 콰인(Quine)인데 콰인이 분석철학의 주요 개념들을 공박하면서 분석철학에 실용주의적 요소가 도입되었다.

실용주의가 대두되는 문화사적인 배경

: 거시적으로 보면 1870-1910년에 대두되었다. - 하버드 철학의 전성기.

이 시기에 미국에서는 경제가 무서운 속도로 발전하고 이에 따라 전문 인력이 요구되어 대학 역시 무서운 속도로 성장하였으며 철학적인 지식에 대한 요구 역시 크게 일어났다.

특히 1860년에 Darwin의 『종의 기원』이 발표됨에 따라서 기존의 종교관이 크게 충격을 받고 역사 발전은 신의 이성에 따른 합리적인 것이 아니라 우연적인 것이라는 사상이 일어났다.

또한 사회적으로는 남북 전쟁이 가져온 결과에 따라서 미국 사회의 기존 세계관이 붕괴되었다. 이런 상황에서 Pragmatism이 제시되었다.

Pragmatism이란?

과학과 종교를 결합시킨 세계관. – 진화론의 방법을 인간의 정신 영역에 적용시킨 사상.

주장의 내용 : 이에 따르면 믿음, 관념, 이론 등은 넓은 의미의 환경에 인간이 적응할 수 있는 수단이며 적응 수단으로서 좋은 것이 참인 믿음, 참인 관념, 참인 이론이 된다.

○ Pragmatism의 두 갈래

　i) 퍼스 : 논리, 언어분석을 강조.

　ii) 제임스 : 종교, 형이상학에 중점.

– 철학사에서 보이는 형이상학적인 분쟁을 해결하는 방법과 과학 시대에 과학과 종교를 같이 받아들일 수 있는 방법을 찾아보려는 노력이 생김에 따라서 미국 사회의 관심은 당연히 제임스에게로 모아졌고 퍼스는 잊혀졌으며 따라서 분석 철학과 pragmatism의 관계도 감추어졌다. 그러다가 1930년대에 퍼스의 유고가 발간되면서 분석철학과의 관계가 드러났다.

퍼스의 철학 (그 중에서도 분석철학과의 관계상)

"The Fixation of Belief"(1877), "How to make our ides clear"(1878) 의 두 논문이 중요하다. 이 두 논문을 러셀과 프레게가 읽었다고 하며 분석철학의 시동기에 중요한 역할을 하였다.

– 내용 :

　i) 과학의 올바른 탐구방법이 무엇이냐? 퍼스는 이것을 논리학이

라 불렀다. 여기에 '올바른'이 들어가므로 규범적인 성격이 있으며 퍼스는 논리학을 규범적인 학문으로 파악하였으며 그에게 있어서 논리학은 과학적 탐구를 평가하고 진행시키는데 있어서 기준을 제시해주는 학문이다.

ii) 따라서 논리학은 두 부분⟨theory of truth⟩와 ⟨theory of meaning⟩으로 구성된다. 왜냐하면 과학적 탐구가 목표하는 것은 세계에 대한 진리의 발견이며 따라서 논리학은 참인 믿음과 그렇지 않은 믿음을 구별할 수 있어야 하기 때문이다. 그런데 참이냐 참이 아니냐를 결정해 주기 위해선 우리 믿음을 구성하는 여러 가지 관념들, 생각들의 의미가 분명해야 한다. 그렇기 때문에 우리 관념의 의미 명료화는 만족스런 진리론을 위한 전제조건이 된다.

⇨ 이것은 거의 30년 후에 G.E.Moore가 한 말과 동일한 내용이다.

퍼스의 의미론

- 1차적인 과제 : 우리의 관념을 명료화하는 것

a. 데카르트와 경험론자들 비판 :

데카르트와 합리주의자들은 명석판명한 것이 참이라고 주장하였는데 이것은 상당히 주관적인 주장이다. 한편 경험론자들은 관념의 명료화과정은 sense impression에 의해서 직접적으로 주어졌을 때 이루어진다고 주장하였는데 감각적 경험은 개인적인 것으로서 나에게 명료한 것이 타인에게 있어서도 명료하다는 보장이 없다. 이들은 모두 명료화의 기반을 주관에 두고 있기 때문에 보편적인 진리의 검증기준이 될 수 없다.

b. 새로운 의미론은 주관에서 명료성을 찾아선 안된다.

자연과학의 실험실적인 상황을 모델로 해야만 한다. 실험실적인 상황은 사적인(private) 것이 아니라 공적(public)이다.

c. 우리의 모든 관념들은 우리가 세계에 대해 가지고 있는 믿음들이다. 따라서 믿음의 본성을 먼저 규명하고 관념을 명료화하는 것은 믿음의 틀 속에서 달성될 수 있다.

d. 데카르트 비판 :

데카르트에 의하면, 회의의 방법(우리가 세계에 대해서 가지고 있는 믿음을 모두 의심하는 것)을 통해서 명석판명한 지식에 도달한다고 한다. 그러나 의심이라는 것은 나의 의지와는 상관없이 강요되는 불안정한 상태(긴장상태)에서 벗어나려는 것이며 의심을 하자고 해서 할 수 있는 것은 아니다.

e. 퍼스의 주장 :

모든 믿음은 명제에 대한 믿음이다. 그런데 어떤 명제에 대한 믿음을 가졌다라고 하는 것은 무엇인가? 적절한 상황 속에서 그 명제를 주장할 준비가 되어 있는 상태를 의미한다. 그 명제의 참임에 대해서 책임을 질 수 있기 위해서는 명제에 대한 믿음이 순간적인 것이 아니라 반복적인 것이어야 한다. 그것은 일종의 습관이다.

행동의 근거가 되지 않는 믿음은 믿음이 아니다.(A belief which will not be acted on ceases to be a belief.) 그러므로 믿음의 성격은 믿음으로 말미암아 일어나는 행동을 통해서 밝혀질 수 있다.

➪ 근세철학에서 내성을 통하여 접근할 수밖에 없다고 생각한 관념을 공적으로 밝히려는 시도.

f. 관념과 믿음의 의미 :

한 관념의 의미를 확인하기 위해서는 그 관념이 참임으로써 결과되는 모든 실질적 귀결들을 고려하여야 하며 이들 귀결들의 종합이 그 관념의 의미의 전체이다.

(In order to ascertain the meaning of an intellectual conception, one should consider, what practical consequences might conceivably result from the truth of that conception; and the conception sum of these consequences will constitute the entire meaning of that conception.) :

관념의 의미를 일련의 조건문으로 만듦으로써 의미를 마음 속에서 일어나는 것에서 완전히 마음 밖으로 끌어내고 있다.

i) 의미가 진리에 앞선다.

ii) 의미는 마음 속에서 일어나는 현상이 아니라 공적으로 관찰 가능한 행위와 관계되는 것이다.

퍼스의 진리론 : 진리 합의론

하버마스의 진리합의론(Konsenstheorie der Wahrheit)과 유사. 동일한 방법을 사용하는 일군의 과학자들이 일정한 기간 동안 그 방법을 사용해서 궁극적으로 합의하는 것이 진리이고, 그것은 실재와도 일치한다.

(관념론적인 요소와 실재론적인 요소가 결합되어 있다.)

••• 현대 철학

프레게의 철학 소개

프레게(Frege, 1845-195) 소개와 그 철학의 철학사적 의미

프레게는 독일 예나 대학에서 수학 교수로 외곬의 생활을 하였으나 『Begriffsschrift』(1879)의 저술로 현대 논리학에 가장 큰 영향을 끼쳤다. 그 밖에도 Die Grundlagen der Arithematic (1884), Funktion und Begriff(1891), Uber Sinn un Bedeutung(1892) 등의 저작이 있다.

— 러셀 : 『Principles of mathematics』에서, "나는 몇 년 전에 우연히 Frege의 Begriffsschrift를 읽었다. 그것이 나의 눈을 뜨게 해 주었다. 그러나 나를 제외하고는 읽은 사람이 없는 것 같다."

— 카르납(Carnap) : "당시 Frege의 강의를 듣고 무슨 얘긴지 알아듣지 못했다. 러셀의 책이 나오고 난 후 비로소 그것의 철학적 함축을 이해하게 되었다."

이 정도로 당시의 수학자, 철학자, 논리학자로부터 인정받지 못했다. 그러다가 러셀과 비트겐슈타인이 읽고 철학적 함축을 밝히고 난 후 평가받기 시작했다. 또한 어려운 독일어로 씌어졌기 때문에

1940~50년대부터 영어로 번역되고 Frege에 대한 보편적인 연구가 시작되었으며 특히 Dummett의 『The philosophy of Frege』 이후 연구가 활발해졌다. 한 때는 "어떤 것이 분석철학인가?"라는 질문에 대해서 Frege와의 원근관계로 결정하려고 한 적도 있었다.

수학에서의 심리주의 배격

프레게의 학문적 목표 : 수학을 엄정하고 확고한 기반 위에 올려놓는 것.

⇨ 다음의 두 가지 과제

1) 논리적인 언어에 있어서 일상언어를 사용함으로써 일어나는 애매성, 다의성을 제거하기 위해서 기호언어를 발명하였다. : 언어를 기호화.

2) 수학의 기초를 튼튼하게 할 수 있는 방법은 수학을 논리학과 같은 엄정한 방법으로 연구하는 것 : 모든 수학의 기본적인 개념을 논리학의 개념으로 환원할 수 있다는 것을 논리적으로 보여주고자 하였다. (이러한 입장을 논리주의(Logicism)이라 한다.)

⇨ 이러한 작업을 하는 과정에서 수리논리학의 체계를 최초로 완성하였고 언어철학의 기반을 제시하였다.

a) 논리주의

: 모든 순수 수학적인 명제 특히 순수 산술적인 명제들은 원칙적으로 순수 논리적인 명제에서 연역적으로 도출할 수 있다. 아무

리 복잡한 산술 명제도 여러 가지 단순한 논리적 명제로 구성된 생략된 표현에 불과하다. 예) 2+2=4라는 명제는 동일성 명제에서 연역된다.

- 페아노 : 순수 산술의 경우, ①0. ②수(number), ③다음 수(successor number)라는 세 개의 무정의 술어만 가지면 어떠한 산술명제도 번역할 수 있다는 것을 보임. (물론 추론 규칙도 포함해서). 프레게가 페아노의 이 작업을 한 발자국 더 전진시킴.

- 이러한 논리주의의 생각이 가장 완성된 형태로 나타난 것이 러셀과 화이트헤드가 저술한 『Principia Mathematica』이다. 그리고 이것을 가능케 한 도구가 진리함수적 도구이다.

b) 진리함수적 논리

p, q, r…의 단순명제와 ~, ・, , (=)의 논리적 접속사 및 변형 규칙(rules of transformation)으로 구성된 논리. 이 논리에서는 단순 명제들의 진리치는 T,F이며 원자명제들의 진리치를 결정하는 것은 논리 외적 방법에 따른다. 진리치를 알고 있는 원자명제들의 복합명제들의 진리치는 원자명제들의 진리치의 함수이다.

⇨ 이러한 진리함수적인 모형에 따라서 우리 언어를 분석하면 우리 언어의 모든 명제들의 진리치를 결정할 수 있다. 수학의 산술 명제를 진리함수적인 논리로 분석할 수 있으면 논리주의의 기 본 원리를 증명한 것이 된다.

- 프레게 : ~, ⊃의 두 접속사와 양화사 중 (x) 만을 사용. 우리 언어를 광범위하게 다룰 수 있게 하는 것이 무엇이냐가 논의 전개과정이다. 이러한 생각을 『Begriffschrift』에서 최초로 체계화하려 노력하였다. 그 결과 19C 중엽까지 논리학은 더 이상 발전할 수 없다는 생각을 뒤집었다.
c) 프레게가 수학자로서만이 아니라 철학자로서(분석철학의 기여자로서) 평가받는 이유
: 기호 논리학의 체계를 수학(또는 논리주의)의 체계화를 위한 도구로만 생각하지 않고 과학언어나 철학언어를 포함하는 모든 자연언어의 의미있는 사용을 구체화한다고 생각하였기 때문.⇨ 기호 논리학을 통해서 언어를 재구성해야 한다.
- 여기서 모든 언어적인 표현은 명료하고 확정적인 뜻을 가져야 하고 뿐만 아니라 모든 언어적인 표현의 구성은 타당한 논리적인 변형규칙들에 따라서 이루어져야 한다. 그 결과로서 우리 언어에서 모든 명제들은 그 진리치가 분명하게 참, 거짓이 확정되게 된다.
- 프레게의 언어관 : 언어는 무엇인가를 주장하기 위해 사용하는 것이다. 무엇인가를 주장한다는 것은 주장하는 것이 참임을 얘기하는 것이며, 이 때 명제의 진리치를 일의적으로 확정하는 논리적 도구를 가지는 것이 중요하다. 그것은 일상 언어의 진리 조건을 결정하는 가장 확실한 방법이다.
⇨ 세계에 대한 올바른 인식(철학의 목표)을 가능케 한다.

수리철학에서의 세 가지 원칙 : 『Grundlage der Arithmetik』(1884)에서.

i) 논리적인 것과 심리적인 것, 객관적인 것과 주관적인 것을 엄격하게 구분.
ii) 한 낱말의 의미는 문장의 맥락 안에서만 물어야 한다.
iii) 개념과 대상(Begriff und Gegenstand)을 엄격하게 구분해야 한다.

i〉 첫 번째 원칙 – 심리주의에 대한 비판
- 심리주의(Psychologismus)란? :
    19C 중반 이후에 경험심리학의 발달과 함께 유행한 사상. 낱말의 의미는 그 낱말을 사용하는 사람이나 듣는 사람의 마음 속에 일어나는 과정과 관련해서 결정되어야 한다고 주장한다. 보다 더 강한 심리주의자의 주장은 낱말을 사용할 때 우리가 지시하고자 하는 대상은 우리 마음 속에 일어나는 과정이라는 것이다. 즉 낱말의 의미는 우리 마음 속에 일어나는 과정이다. 영국 경험론자들이 이러한 심리주의에 속한다.
- 형이상학 배격 :
    심리주의뿐만이 아니라 의미에 대한 형이상학적 실체화(Hypostasierung)[예] 플라톤]도 배격하였다. "사람"이라고 할 경우 이것이 지시하는 바는, 심리주의에 따르면 심리적 과정이며 플라톤에 따르면 형이상학적인 실체이다.

이들의 주장 근거는 다음과 같다. 심리주의자들은 낱말의 의미란 사용하는 사람의 의도와 관계가 있어야 한다고 하고 형이상학적 실체화를 주장하는 사람은 낱말의 의미가 객관성이 있어야만 한다는 것이다.

- 프레게의 주장 : 낱말의 객관성은 언어사용의 객관성에서 찾아야 한다. 언어는 무엇을 주장하기 위한 것이라는 생각을 확대하여 언어의 기본적인 기능은 진리를 한 세대에서 다른 세대로 전수해주는 기능을 가진다고 주장.
- 심리주의와 형이상학자의 잘못 : 모든 객관적인 것은 공간 속에 존재해야 한다. 그렇지 않으면 주관적이라는 생각.

⇨ 프레게의 공헌 : 객관성을 어떻게 정립할 것인가에 대한 대답. 즉 "의미나 개념의 객관성은 언어 사용의 논리적인 특성에서 찾아져야 한다." 프레게는 『Über Sinn und Bedeutung』(1892)에서 동일성 명제를 다룬다.

(예)a) 소크라테스는 소크라테스이다.

(예)b) 소크라테스는 플라톤의 스승이다.

의미가 Bedeutung에 의해 결정된다면 예 (a)와 (b)는 같아야 한다. 그러나 (a)와 (b)는 다르다. (a)는 정보적인 가치가 없다. (b)는 정보적인 가치가 있다. 그러면 어떻게 해야 이 두 문장을 구분할 수 있는가? 이에 대한 프레게의 대답은 다음과 같다. "모든 언어적인 표현이 Sinn과 Bedeutung을 가지고 있다. (a)와 (b)의 차이는 Bedeutung은 같지만 Sinn이 다르다. 그러므로 Sinn과

Bedeutung을 구분해야만 한다.

- 그럼 Sinn이란?

객관성을 갖고 있고, 지시체가 주어지는 방식을 가리킨다.

예1) 예를 들어 삼각형 abc의 내심인 o를 생각해보자. 이 때 교점 o는 A와 B의 교점일 수도 있고 BC의 교점일 수도 있다. 교점(내심)은 하나인데 주어지는 방식이 다르다.

이것이 Bedeutung은 같은데 Sinn은 다른 것이다.

예2) 저녁별(Abendsten)과 아침별(Morgenstern): 지시하는 대상은 같은데 주어지는 방식이 다르다. 이것이 Sinn과 Bedeutung의 차이이다. 망원경으로 천체를 볼 때, 그 천체는 렌즈에 비춰지고 다시 망막에 비춰지고 우리는 거기에 이름을 붙인다. 이 천체〈별〉이 Bedeutung이고 렌즈에 비춰진 것이 Sinn이며 망막에 맺힌 것이 Vorstellung이다. 그런데 이 렌즈에 비추어진 의미(Sinn)은 객관적인 것이다.

※ 서양철학사에서 프레게의 지대한 공헌

: 의미 또는 개념의 객관성은 언어사용의 객관성에서 찾아져야 한다고 주장한 점. 그에 따르면 우리 언어는 한 세대에서 다른 세대로 지식의 전수를 위해 쓰여진다. 이것이 이루어질 수 있는 것은 언어의 객관성 때문이다. 그런데 언어는 의미있는 표현이다. (의미(Sinn)의 존재론적 지위에 대한 전통적인 철학적 논의는 실재론(Realism), 관념론(Conceptualism) 및 유명론(Nominalism)이 대표적이다. 그런데 프레게의 주장은 그 중 어느 것에도 속하지 않는다.)

ii) 두 번째 원칙

프레게는 언어 사용의 기본적인 목적은 뭘 말하려는 것이라고, 그래서 어떤 것이 참임을 주장하는 것이라고 생각했다. 프레게와 같이 이런 토대 위에서 진행되는 의미론을 진리조건적 의미론(Truth-Conditional Semantics)이라고 한다. 이 때 언어 사용의 가장 기본적인 단위는 명제, 문장이 된다.

그런데 명제는 낱말로 구성되어 있으며 이 낱말의 의미는 명제 속에서 그 낱말이 어떤 역할을 하고 있는가, 그 문장의 참임을 결정하는데 어떤 기여를 하고 있는가에 따라 결정된다.

낱말만으로는 언어사용의 기본적인 목적을 이룰 수 없다. 따라서 낱말의 의미는 언어 사용의 기본적인 단위인 문장의 맥락 속에서만 물어야 한다.

전통적인 철학자의 오류는 맥락을 무시하고 낱말만을 들여다보았기 때문에 생겨났으며 형이상학적인 실체화와 심리주의는 이 두 번째 원칙을 무시했기 때문에 생겨났다.

iii) 세 번째 원칙

- 개념(Begriff)과 대상(Gegenstand)의 문제 : 전통적인 주어-술어 논리에서는 다음과 같은 문제가 생긴다.

  예a) 소크라테스는 철학자다.

  예b) 철학자는 현명하다.

이 때 (a)에서는 소크라테스가 지시하는 것이 대상이고 철학자가 지시하는 것은 개념인가? 그럼 (b)문장의 철학자가 지시하는 것은 대상인가? - 철학사에서의 보편논쟁은 이런 틀 속에서 들여다보기 때문에 일어난 것이다.

- 프레게의 대안 :

예a)에 대하여 : (　)는 철학자이다. : 수학에서 (　)는 논항(argument)이고 전체는 함수(function)이다.

논항의 값에 따라 함수의 참, 거짓이라는 값이 나온다. 함수식에서의 논항은 1,2,3,4 등으로 확정적인 반면 함수식은 논항의 값에 따라 유동적이다. 이에 따라서 개념도 마찬가지로 함수처럼 불완전하고 채워지지 않은 것이다. 대상은 논항과 마찬가지로 완전하고 채워진 것이다. 대상은 문장의 주어로만 사용되고 개념은 술어로만 사용될 수 있다.

예b)에 대하여 : (b)는 일상적인 언어 사용상 잘못된 점이 없다. 그럼 이것을 어떻게 설명할 것인가? ⇨ 여기에서 프레게의 철학에 있어서 가장 혁신적인 개혁이 생겨난다.

Begriff와 Gegenstand를 구분하라고 하면서 요구하는 것.

a) 언어의 논리적인 성격을 분명히 밝혀내라 - 전통적인 주어-술어 논리학으로는 설명할 수 없고 양화논리학을 이용해서 설명할 수 있다. 언어의 표층적인 문법적인 구조와 심층적인 구조는 다르다. : 이것을 구분하지 않으면 철학적 혼란이 야기된다.

표층적인 구조가 심층적인 논리적 구조를 어떻게 은폐하고 있는가를 보이는 것 -> 논리적인 분석을 통해서, 양화 논리를 통해서.
우리 언어의 표층적인 문법은 주어와 술어를 구분하는 것.
　(a) Socrates(주어) is a philosopher(술어).
전통철학에서는 한 문장을 구성하고 있는 낱말의 의미와 그 연관을 밝힘으로써 그 문장의 의미를 찾았다.
○ Frege : 이렇게 해서는 주어와 술어의 관계가 잘 드러나지 않는다. 그 유기적인 연관을 밝혀내야 한다.
　(a) 문장에서 Socrates를 주어로, ( ) is a philosopher를 술어로 봄으로써 수학에 있어서 자연수와 함수의 관계로 환원하였다.
　⇨ 문장의 구조도 함수의 구조와 똑같다. 주어는 확정적이지만 술어 부분은 불완전하다. (함수의 자변수와 함수식의 관계와 마찬가지로.)
Frege는 문장에서 주어에 속하는 부분을 Eigenname(고유명사), 술어에 속하는 부분을 Begriffswort, 고유명사가 지시하는 것은 Gegenstand, Begriffswort가 지시하는 것은 Begriff라고 생각함.
수학에서의 논항과 함수식의 논리적인 기능이 다른 것처럼 고유명사과 개념어의 논리적 기능이 다르고, 따라서 개념어가 문장의 주어부에 올 수 없다.

프레게의 초기 분석 : 철학에 있어서 핵심적인 개혁
　⇨ 그럼, 예문 b) Philosophers are wise는?

여기서 프레게는 수학의 일계함수와 이계함수의 구분을 이용한다.
- 일계 함수 : 자변수의 자리에 확정적인 수자를 택하는 함수.
- 이계 함수 : 논항의 자리에 일계 함수를 택하는 함수.

예문 b)는 수학의 이계 함수와 같은 것. 보편 양화를 첨가(⇨ 수학과 다른 점).

$$(x)(Px \supset Wx)$$

Eigenname에 의해서 표현될 수 있는 모든 것 : Gegenstand
Begriffswort에 의해서 표현될 수 있는 모든 것 : Begriff
⇨ 실재론, 개념론, 유명론 등의 형이상학적인 입장에서 Gegenstand와 Begriff를 구분하는 것이 아니라 언어 사용의 논리적인 성격의 정확한 분석에 의해서 접근.

(비교) Tractatus〉〉 Gegenstand의 예를 들지 않고 언어의 논리적인 분석의 결과가 Gegenstand.

Frege는 자신을 수학자라고 주장한다. 몇 마디 언급을 살펴보면, 프레게 자신은 언어 분석을 통한 결과와 존재 사이의 동형을 짙게 깔고 있다는 것을 알 수 있다.

※ 그 이전의 보편자 논쟁은 특별한 능력(관조, 내성…) 등에 의해서 진행되었다. 프레게는 이 논쟁에 접근하는 공적인(public) 방식을 제시.

프레게가 분석철학에 끼친 영향

a) 논리적인 분석과 문법적인 분석 : 심층적인 구조와 표층적인

구조 사이의 엄청난 괴리를 보여주었다.

결과 : 일상언어로는 철학을 할 수 없겠다. 인공언어(이상언어)를 구성하자. 인공언어에서는 구성하는 요소들이 분명한 일의적인 의미와 기능을 가지도록 하자.

b) 의미 현상의 중요성 ⇨ 철학적인 분석에 선행

의미의 우선성을 북돋아 주었다.

c) 고질적인 철학적 문제들이 논리학을 활용함으로써 해결되는 것처럼 보였다.

Russell 이후 20-30년 동안은 이런 확신을 가진 사람이 많았다. 이런 요소 때문에 프레게는 최초의 현대 철학자, 최초의 분석철학자라고 부른다.

※ M. Dummett:〉〉 프레게야말로 현대 철학의 장을 연 사람이다. 고대는 형이상학, 근세는 인식론, 현대철학은 의미론 위주의 철학이다. 서양철학의 의미론화를 결정적으로 촉진한 사람이다.

••• 현대 철학

무어의 철학

1) 고전을 전공. 중류가정 출신.

○ 몇 편의 논문만을 썼다. 그런데 양에 비해서 러셀이 영향을 준 것은 얼마 되지 않지만 무어는 분석철학 형성기에서 커다란 영향력을 미쳤다. 당시에는 그의 철학하는 방식이 혁명적이어서 '철학자의 철학자' 라고 받아들여졌다. 그러나 그의 영향이 철학자에만 국한된 것은 아니다. '블룸스 베리' 라는 당시의 영국 지적 Elite들에게 영향을 미쳤다. Victoria 시대의 형식주의에 대한 반기에서 성서같은 역할을 하였다.

○ Principia Ethica : "Good"의 탐구를 다양한 언어 사용을 30가지 나열. 그런데 어느 것이나 만족스럽지 않다. Good이란 낱말의 뜻은 undefinable하다.

⇨ 탐구 방식이 독특하다.

과거 절대 관념론자들의 논술방식을 완전히 배제. 일상적인 예를 나열하면서 시작 ⇨ 이런 것도 철학 저술(문장)인가?하고 의문이 날 정도로 단순하였다.

※ 러셀의 평 : 무어의 천재성은 바보처럼 보일 정도의 아주 단순한 질문을 하는 데에 있다.

- 무의의 질문의 핵심 : 항상 What do you mean? 한 때는 분석 철학자의 전형처럼 받아들여진 질문이다.
○ Moore : 철학함에 있어서 의미의 명료성을 강조하였다. 하지만 철학 이론에 기초해서 이런 주장을 한 것은 아니다. 무어 주위에 철학하는 사람이 없었다면 철학이 뭔지 모르고 일생을 마쳤을 것이다. 주위 철학하는 사람들의 말을 이해하려고 쫓아다니다 보니까 철학에 관심을 가지게 되었다.
2) 절대 관념론 하에 있다가 반기를 듦.

그 결과가 「The Refutation of Idealism」, (1903)이다. 이미 이 시점에는 러셀과 무어 둘다 나름의 철학관을 완결된 형태는 아니지만, 형성하고 있었을 때이다.

- 상식적인 세계관의 타당성.
- 절대 관념론의 상식적인 세계관의 부정을 납득못하겠다.
○ Idealism 비판 :: 여러 가지 형태의 관념론에서 공통된 형식적인 요소는 Esse est percipi(To be is to be perceived)
 i) sensation of blue, sensation of green이 있다고 하자. 그러면 그 둘은 어떤 형태로든 다른 것이다. 그러나 지각이라고 부르므로 같은 점도 있다.
 ii) 의식이란 점에서 공통적이다.
 iii) blue와 consciousness는 청색에 대한 지각에서 다른 요소이다. 그러면, 우리는 Can blue exist without consciousness? 라는 질문을 정당하게 할 수 있다.

iv) 그렇다면 "Blue exists"(object of sensation)라는 문장과 "Blue exists with consciousness"(act of sensation)란 문장은 서로 다른 의미를 가진 것이 분명하다.

v) "esse est percipi"는 이 구분을 하고 있지 않기 때문에 잘못이다.

; 이와 같이 문장의 의미를 가지고 논변을 전개하는 것은 당시에는 새로운 것이었다.

(⇨ 위 논변은 선결문제 요구의 오류를 범하고 있다.)

그럼, 지각의 대상은 무엇인가?

직접적으로 주어진 것(The given). 무어는 감각적인 경험이라고 대답하지 않고 concept(universal)이라고 답한다.

⟨ ※ 1950년대 전통적인 분석철학의 모델이 붕괴하면서 제기되는 핵심적인 문제들 중의 하나 the myth of the given(Sellons)⟩

예) chalk = whiteness + legnth + …

– 여러 가지 보편자들의 결합

상식적인 세계관을 옹호하는데서 출발했지만 보편자들의 결합이라고 보는 형이상학으로 이러한 입장을 Platonic Realsim, Neo-Realism으로 부른다.

⟨A defense of common sense (1925)⟩

A. 일상의 사람들이 그 참임에 대해서 확신을 가진 명제들이 있다.

예) 살아있는 실체가 있다. 지구가 수백억년 존재해 왔다.

이런 종류의 명제들이 합쳐져서 상식적인 세계관이 되는데,

철학은 이 명제들의 참, 거짓에 대해 논의할 자격이 없다. 철학이 할 수 있는 것은 이 명제를 분석하는 일, 참, 거짓의 판명이 아니라, 명제가 의미하는 것이 무엇인가를 보여주는 것이다.

B. 무어는 초기에 전통적 철학관에서부터 시작.

철학은 존재에 대한 가장 일반적인 특성들을 밝히는 것이 철학(형이상학)이다. 그러나 무어의 철학이 발전함에 따라 위의 견해를 부정하기 시작하였다.

철학은 세계의 새로운 진리를 발견하는 학문이 아니라 의미의 분석을 주된 임무로 하는 학문이다. 철학은 사실 과학이 아니다.

⇨ 분석철학의 paradigm이 됨 : 진리보다 앞서는 것이 의미이다. 의미의 명료화가 철학의 일차적 과제이다. 진리에 대한 언급 여부는 부차적이다.

C. 그렇다면, 개념을 분석한다는 것은 무엇을 의미하는가?

① concept analysis : 개념분석

② logical analysis : 논리적 분석 = 표현 형식의 분석

1〉 개념 분석 예

x is a brother of y

x is a male sibling of y

x is a male and x and y have same parents.

(same level analysis)

2〉 philosophers are wise.

　　(x)(Px⊃Wx)

무어의 분석은 개념 분석 1〉

〈분석 철학의 두 주류〉

ⅰ〉인공 언어학파 (논리적 분석을 주로 하는)

　표층, 심층이 다르기 때문에 분석을 위해서는 심층구조를 밝혀내서 그것을 체계화하면 이상적인 인공언어가 된다.

ⅱ〉언어가 가진 본래적 의미는 심층구조를 밝힘에서 드러나는 것이 아니라 사실상 그것이 어떻게 쓰이고 있는가를 밝힘에 의해 드러난다.

⇨ 분석철학의 초기 단계에서는 ⅰ〉이 압도적으로 우세했다.

a〉무어는 구체적 분석 작업을 통해 철학이 새로운 진리를 밝히는 사실 과학이 아니라 의미의 명료화를 목표로 하는 지적 작업이라는 새로운 철학관에 결정적인 영향을 미침.

b〉의미 분석에 치중하므로 윤리학의 원리가 분석철학의 한 흐름을 이루었던 Meta-ethics에 결정적 영향

c〉영미 철학이 메마른 철학이라는 평가를 받는 한 원인이 됨.

••• 현대 철학

러셀의 철학

1) 영국 최고 명문가 출신, 할머니의 엄한 교육하에서 성장.
　헤겔 철학 비판 : 헤겔 철학은 안개가 많이 낀날 얼핏 보이는 꽃전차이다. 안개가 걷히면 아무것도 없다. 즉, 실체가 없는 철학이다.
- 무어의 영향으로 절대 관념론 비판
　절대관념론을 비판하는 방식이 무어와 달랐다. :절대 관념론이 잘못된 까닭은 그것의 논리학이 잘못됐기 때문이다.
　On denoting(1905) : 분석철학의 시발로 보는 견해도 있음.

A. 신 실재론을 받아들임, 그러나 무어보다 급진적인 실재론 :
　number, point in space, 보편개념(whiteness, length) 뿐만 아니라 의미있는 진술대상이 될 수 있는 모든 것들은 어떤 형태로든지 존재한다

Meinong의 지시론적 의미론을 받아들임.
　: 하나의 언어적인 표현을 의미있는 것으로 만드는 것은 그 표현이 지시하는 대상이다.
예) roundness가 지시하는 대상이 있어야 한다. 그 대상은 보편개념이다. 보편개념으로서의 roundness가 존재한다.

⟨existence⟩와 ⟨being⟩을 구분. (흰 백묵을 existence, 힘, 둥금을 being). '도깨비는 존재하지 않는다' 는 무엇에 대해서 존재하지 않는다고 말하는 것이므로 이 표현이 의미있기 위해서는 뭔가가 있어야 한다. 즉 도깨비는 existence가 아니라 being을 가지고 있다.

'A is not' imply that therer is term A.

그것이 Being을 가지고 있지 않다면 우리는 어떤 진술도 할 수 없다. 모든 것이 일반적으로 가지고 있는 특성이며 무엇을 언급함은 그것이 있다는 것을 보여주는 것이다.

'To mention anything is to show that it is.'

B. 이런 실재론의 문제점 : Russell의 논리분석의 출발점.

예1) 둥근 사각형은 존재하지 않는다.

어떤 형태로든 being이 있어야 한다. : 대상이 무한히 많아짐.

철학이론은 항상 가장 경제적인 이론이어야 한다.(오캄의 면도날)

⟨ Entity should not multiply without necessity ⟩

예2) "The present king of France is bald"는 F.

F라면 배중률의 원칙에 의해 –is not bald는 T여야 한다. 그런데 king이 없으므로 T 라 할 수 없다. 배중률을 무력화시킨다.

예3) 프레게의 동일성 명제에서도 문제가 생긴다.

ⓐ Scott is the author of Warerly.

ⓑ Scott is Scott.

지시하는 대상에 의해 의미있게 된다. 그렇다면 ⓐ, ⓑ는 같은 의미를 가져야 한다. 그런데, 그렇지 않다. ⓐ는 정보전달, ⓑ는 동어반복이 된다.

C. 이런 종류의 문제가 생기는 것은 어떤 지시적인 표현(denoting symbole)들이 있는데 이런 지시적인 표현들의 문법적인 구조와 논리적인 구조가 서로 일치하지 않는 점에 있다. Sinn과 Bedeutung을 구분하면 일정 수준에서는 이것이 해결된다. ⓐ는 Bedeutung만, ⓑ는 Sinn만 있는 표현이다. 러셀은 영국 경험론의 전통에 있으므로 Sinn(프레게가 객관적인 것으로 간주했던)을 심리주의의 잔재로 보고 이것을 배제하고 Bedeutung만 가지고도 이것을 해결할 수 있어야 한다고 생각했다.

※ 이 방법의 핵심은 환원적 분석.

D. 러셀의 방법론적 전제들
 i) 모든 지식은 직접적 경험에 토대를 두어야 한다. (the principle of acquaintance).
ii) 사유의 경제성의 원칙 (오캄의 면도날)
  ① 세계에 대한 지식은 두가지가 있다.
a> knowledge by acquaintance(직접지) : 직접적 경험에 주어진 것.
b> knowledge by description (기술지, 간접지) : 직접지로부터 추가된 것.

〈언어철학적 구분〉

○ denoting symbole이 있다. 모든 denoting하는 표현들은 고유명사 아니면 description이다. 예)Scott, the author of Waverly. 프레게는 Socrates, Plato의 스승, 흙의 저자를 모두 proper name으로 보고 기능의 구분을 Sinn과 Bedeutung으로 한다. 러셀은 Sinn을 배격하므로 직접지에 대한 지시적 표현만이 proper name이라 한다. 그렇다면 proper name 은?

예)this yellow, this length 등만이 proper의 지시대상일 수 있다. 문법적 고유명사가 대부분 고유명사가 아니다. 모두 description이다.

여기에 문제가 있어서 차츰 logical atomism으로 발전한다.

○ logical atomism : 논리적 분석의 결과로 최종적으로 남은 것만이 고유명사의 대상이다. 이것으로 존재하지 않는 대상에 대한 의미있는 진술문제, 동일성 명제, 인구증가의 문제를 해결하려고 함.

○ 러셀의 철학의 출발점은 극단적 실재론이다. : 이 토대는 Meinong의 지시론

이 토대 위에서 철학을 하려니까 생기는 문제.

a. 지시론적 의미론을 받아들였을 때, 어떤 형태로든 존재해야 하는 대상이 많아진다 ⇨ 존재세계의 팽창 문제.

b. 존재하지 않는 대상에 대한 의미있는 진술들을 어떻게 처리해야 하는가? 잘못하면 논리학의 중추적 원리들(배중율)을 포기하지 않으면 안된다.

c. 동일성 명제를 어떻게 다룰 것인가?

프레게처럼 Sinn과 Bedeutung을 구분해서 다룰 수도 있지만, 러셀은 경험론적 전통 때문에 Sinn 자체가 프레게가 배격하고자 했던 심리주의의 잔재라고 봄. 직접적으로 주어진 것 이외에는 아무것도 받아들이지 않겠다는 직접지의 원리에 충실하겠다.

⟪On denoting⟫에서 해결방안 제시

theory of Description.

ⅰ) Frege의 함수식과 자연수에 대한 이론을 활용.

ⅱ) 활용함에 있어서 경험론의 원칙, 직접지의 원칙에 투철해야 한다.

러셀 철학의 이정표가 될 뿐 아니라 분석 철학의 초기 단계에서 절대적인 영향력을 끼쳤던 철학적인 방법 (환원적인 분석의 방법)

※ Ramsey : Paradigm of philosophy.

환원적 분석의 방법 : 아무리 복잡한 명제라도 분석하게 되면 결국 논리적인 단순체에 해당하는 대상으로 환원이 된다.

Construction is to be preferred over inferred entities.

이 원칙에 입각해서 프레게의 Sinn과 Bedeutung의 구분을 공격.

Sinn은 직접적으로 주어진 것이 아니고 inferred entities.

당시에는 프레게가 알려져 있지 않았기 때문에 러셀이 현대적인 철학자로 알려졌지만, 요즈음에 와서는 프레게의 철학이 알려지고 나서 러셀이 프레게의 철학적 의도를 잘못 파악했다고 주장하는 사람이 많다. Sinn의 객관성은 언어 사용의 객관성에서 찾아져야 한다고 Frege는 주장.

초창기에 러셀의 언어분석이 세계분석의 지름길이다라고 주장.

그런데, Wittgenstein이 유명하게 된 후, 30, 40년 대에 분석철학의 언어적인 입장에 대해 굉장히 비판적이 된다.

> **지시적인 표현의 대표적인 두가지**
> 1) a so-and-so : 불확정 기술 예 : a man,
> 2) the so-and-so : 확정 기술 예 : the author of waverley

이것을 통해서 문제들을 해결 ; 이런 문제들이 생기는 것은 관련된 지시적인 표현들의 문법적인 형식과 논리적인 형식 사이에 차이가 있기 때문. 이 차이를 보여줌으로써 해결.

⇨ 그 방식은 프레게의 함수식과 논항의 관계로 처리해야.

a. 첫 번째 문제 : 존재 세계의 팽창 문제의 해결.

  (가) 나는 이 창후를 본다.

  (나) 나는 사람을 본다.

  (다) 나는 페가수스를 본다.

셋 다 의미있는 문장이다. 지시론적 의미론에 따르면 이창후, 사람, 도깨비의 세 지시적인 표현에 상응하는 그 어떤 것이 있어야 한다.

- 해결 : 셋 다 동일한 명제 함수식으로 보인다. 그러나 (나)의 사람은 indefinite description이다. 따라서 올바른 분석을 하면, 나는 x를 보았고, 그리고 x는 인간적이다. (다) 역시 나는 x를 보았고 x는 말처럼 생겼고 날개가 달렸다.

(가),(나)를 충족시켜주는 값 x가 있다. 그러나 (다)를 만족시켜주는 값이 없다.

b) The present King of France is bald.

의미있으니까, 그에 해당하는 대상이 있는 것처럼 보인다.

definite description의 표현, 보기와는 달리 상당히 복잡한 명제들의 복합체이다.

There is an individual x such that

① x is the present king of France.

② one and only one object is identified x.

③ x is bald.

위 문장은 이 세 문장의 약식 표현. 언뜻 보기에 denoting expresion인 것을 없애주기 위해서 이와 같이 풀이. 지시적인 표현을 할 수 있는 것은 x로 표현.

① 은 $(\exists x)Fx$

②는 the present의 the를 표현하기 위해서,

$(y)(Fy \supset (y=x))$

③은 Bx

합치면, $(\exists x)(Fx \cdot ((y)(Fx \supset (y=x))) \cdot Bx)$

여기서 러셀이 하는 일은 x에는 직접적으로 주어진 대상을 지시하는 표현들만, 사이비적인 지시적인 표현들을 없앰 ⇨ 환원적인 방법. 충족시키는 값이 없다.

(c) 동일성 명제도 마찬가지 ⇨ 둘 중에 하나는 기술적

The author of Wavely is Scott.

There is an individual object x such that

① at least one person x wrote Wavely (∃x)Wx

② at most one person x wrote Wavely (y)W y ⊃ (y=x)

③ that person x is Scott. x = S.

직접적으로 주어진 것 ⇨ 참된 지식의 토대.

1) 사유의 경제적 원칙.
2) 이 둘을 충족시키는 실재론의 입장을 위한 분석적 방법.
   └ denoting expression이 사실은 description

○ 환원적 분석 방법이 지시적인 표현들을 분석하는데 그치는 것이 아니라, 차차 철학에서 문제되는 거의 모든 대상 영역(수리, 물리 철학…)과 일상적인 대상 영역(나무, …)들도 지시적인 표현들로 분석된다.

참된 의미에서 지시적인 표현은 논리적인 단순체를 지시하는 언어적 표현, 그리고 모든 명사는 기술이다.

- 논리적인 단순체의 필요성 - 논리학자로서의 러셀.
- 러셀의 경험주의적인 편향 - 논리적인 단순체를 어떻게 해석할 것인가?

F. The Analysis of Mind (1921)
- Neutral Monism 제시

  논리적인 고유명사가 지시하는 대상은 무엇인가?

  sensibilia : 감각적인 경험이 가능한 것은 이것 때문.

  아직 지각되지 않은 sense-data, sense-data가 될 수 있는 가능성.
- 물리적인 세계를 구성하는 대상들 뿐아니라 정신적인 세계를 구성하는 대상. ⇨ neutral (정신, 물리 세계에 상관없기 때문)
- Moore의 관념론 비판의 핵심 (act of perception과 object of perception의 구분)을 러셀이 받아들였으므로 이원론 ⇨ 일원론으로 바뀜.
- sensibilia라는 경험되지 않은 어떤 의미에서는 경험될 수 없는 것이 기본 단위.

  ⇨ On denoting의 기본적인 입장(경험론적 원칙)에서 이탈.

G. 러셀의 철학이 남기는 중요한 두가지 문제.

  i) 도대체 논리적인 단순체가 무엇인가?

  경험론, 논리학의 원칙에서 받아들일 수 있는 것이었나?

  ii) 논리학, 언어, 세계의 논리적인 동형성(프레게와 러셀)의 근거와 성격을 좀더 정확히 밝히려는 필요가 강해짐.

  ※ Frege와 러셀에서는 논리적인 분석의 참신함 때문에 받아들였지만, 시간이 갈수록 이 전제의 논거가 어디에 있느냐가 심각하고 중요한 문제가 됨.

··· 현대 철학

비트겐슈타인

역사적 이해

1) *Tractatus* 1922

Philosophische Untersuchungen 1953.

이미 이 책의 주요한 생각들은 30년대 말 영미 철학계에 광범위하게 퍼짐. 강의 노트 (Blue and Brown Books)로 전거 없이 10년 동안 돌아다니다가 이 책이 나오면서 전거가 마련됨.

⇨ 사유의 혁명성, 어떤 의미에서는 이보다 비트겐슈타인의 생애에 대한 관심 때문에. (1889~1951)

2) ① Tractatus의 해석은 무척 다양함.

인간 정신의 해방을 목표. 어떤 사람은 Socrates. St.Augustine Marx와 비교하기도.

② Tarctatus의 핵심에는 의미론이 있다.

의미있는 것과 의미없는 것(말할 수 있는 것 Das Sagbare와 말할 수 없는 것 Das Unsagbare)을 구분하는 것.

※ 이것이 왜 비트겐슈타인에게 핵심적인 문제였을까?

어떤 방식으로? 프레게와 러셀에 의해 제시되고 체계화된 진리함수적 방법.

- 이것을 토대로 언어와 세계와의 관계 해방.

명제는 어떻게 단순한 소리나 기호에 그치지 않고 의미있는 명제가 되는가? ⇨ 의미론의 핵심.

1921년에 독일어 잡지에 실리고 그 전에 1918년에 탈고.

1914년에 순수 논리적인 부분에 대해서는 완성. 이 때 붙이려고 했던 제목이 Der Satz.

도대체 우리말이 의미있게 될 수 있는 근거는? 의미있게 할 수 있는 말의 한계는?

이 의미론의 철학적 함축을 다룬 것은 Tractatus 중 조그만 부분.

저작들	The Blue and Brown Books 1958.
	Über Gewissheit　1969
	Vermischte Bemerkungen　1977
	Zettel　1969.

주된 철학적 문제	Das Sagbare 논리실증주의의 Verifiability 도 의미있는 것과 없는 것을 구분하려는 시도
	Das Unsagbare
	Das Unaussprechliche
	Das Mystische.

○ 그럼 어떻게 이것을 구분하는가?

ⅰ) 일련의 낱말들을 일정한 방식으로 결합하면 세계의 사실을 표상.

이것이 어떻게 가능한가? 전혀 다른 두 개의 사실인데, 하나가 다른 하나를 어떻게 표상하는가?

: 언어는 세계에 대한 그림. 언어를 올바르게 이해하려면 상형문자를 생각하라. 언어는 기호체계인데 기호는 표상적인 기호(그림)와 비표상적인 기호로 나누어짐.

표상적인 기호는 의미를 설명해 줄 필요가 없다.

비교) 비표상적인 기호는 사회적인 합의가 있기 전에는 의미를 알 수 없다.

ⅱ) 그런데 언어는 표상적인 기호.

- 이유: a. 낱말만 알고 있으면 수없이 많은 문장의 의미를 알 수 있고 또 스스로 만들어낼 수 있다. ⇨ 언어는 그림으로 볼 수 밖에.

"4.021 명제는 실재의 그림이다. 내가 명제를 이해한다면 그 명제가 기술하는 사태를 알고 있고, 그 명제의 의미는 설명듣지 않고도 그 명제를 이해하게 된다."

ⅲ) 그럼, 언어라는 표상적인 기호가 무엇을 어떤 방식으로 표상하는가?

그림은 무엇에 대한 그림.

그림에는 일정한 요소들이 일정한 방식으로 배열되어 있다.

요소들이 대상을 지시하고 있고, 대상들의 구조와 그림의 요소들의 구조가 같기 때문에 그림도 하나의 사실, 그림이 표상하는 것도 하나의 사실.

2.12 Das Bild ist ein Modell der Wirklichkeit.

문장이 바로 세계에 대한 그림이기 때문에 세계를 표상할 수 있다.

iv) 왜? 문장은 그림과 같이 일정한 요소(낱말)로 구성. 또한 일정한 방식으로 배열(Verkettung von Namen)

문장과 문장이 표상하는 사실의 구조(논리적인 구조)는 같다.

ㄱ) Name ⇨ 지시 ⇨ Gegestand (Picture, Abbildung)

ㄴ) Verkettungen von Namen (⇨ Enfaher Satz) ⇨ 표상 ⇨ Sachverhalt ⇨ Tatsache.

○ 수없이 많은 연계의 가능성. 모두 의미있지만 그 중에서 참인 것은 오직 하나.
⇨ 우리 문장들이 표상하는 것은 있는 그대로의 사실이 아니라 사실이 될 수 있는 가능성.

○ Tatsache와 Sachverhalt.

만일, 우리 문장들이 표상하는 것이 있는 그대로의 사실이라면, 우리 문장들은 모두 참.

• 이 사태 중에서 우연히 세계와 일치하는 것이 Tatsache.

문장이 세계에 대한 그림이라고 할 때, 세계는 논리적으로 존재할 수 있는 세계.

사태는 사실적인 공간에서 존재하는 것이 아니라, 논리적인 공간에 존재하는 것.
- 대상들은 논리적인 구조를 떠나서 생각할 수 없다.

  가장 기본적으로 존재하는 것 ⇨ Tatsache. (사실 존재론)

  대상이 기본적으로 존재한다고 생각하는 것은 논리적인 구조를 무시한다.

  ㄷ)Komplexe Satze ⇨ Sachverhaltskomplexe.
- 단순문장의 진리함수적 복합군.

  이 때, 논리적 연결사는 아무 것도 표상하는 것이 없다.

  이것들이 의미있는 문장의 전부.
- 사태는 논리적인 공간에 존재. 사실은 사실적인 공간에 존재.

  사태를 그리는 문장은 참, 거짓이 확정되기 이전에 유의미한 문장.

  사실과 비교해서 참, 거짓이 결정.
- 의미가 사실에 선행.

  언어의 논리적인 구조와 세계의 논리적인 구조가 같지만, 그 관계는 얼핏봐서는 언어와 세계의 유사한 점을 찾기가 어렵다.

  ⇨ 투영의 법칙.

  언어와 세계와의 관계는 악보와 음악, 음파와 음악, 레코드판과 음악의 관계.
- 논리적인 접속사에 해당하는 사실은 없다. 이것들은 우리의 상징체계-자신의 Grundgedanke라고 비트겐슈타인이라고

말한다.

① Name와 Gegenstand는 표상적인 기호가 될 수 없다. 그림의 관계가 아니다. 지시 관계이다.
- 사실 존재론(전통적인 철학의 substance 개념 비판)
- 따라서 Name와 Gegenstand는 ostension의 관계.

② ㄷ)이 그림의 관계, 그러나 논리적인 접속사가 표상한 것은 없다. 따라서, 엄격히 말하면 그림의 관계가 아니다. 도대체 일련의 낱말, 소리라는 사실이 그것과는 전혀 다른 사실을 어떻게 표상하는가? 그것이 그림이기 때문.

의미있는 언어들

③ A. 의미있는 언어는 그림을 그리는 언어.
　　　따라서 의미있는 언어의 총체는 자연과학의 명제.
　　　논리는 의미있는 언어가 아니다.
　　　Elementensatz와 그것의 진리함수로 이루어지는
　　　Molekularsatz가 의미있게 말할 수 있는 것의 전부.

의미있음에 대하여

B. 바로 이 말은 (세계와 언어의 관계에 대한 말) 그림을 그리는 것이 아니다. 따라서 엄격한 의미에서 Sinnvoll한 언어가 아니다. sinnlos한 것.

sinnlos와 unsinnig : 비트겐슈타인 자신이 일관되게 구분하고 있지 않기 때문에 확실하지 않지만 다르게 설명할 수 있는 방식이 없다.

- sinnlos : sinnvoll한 것은 아니지만, 뭔가를 보여주는 (zeigen).

- unsinnig : 배리적인 소리의 연속.

C. 모든 논리적인 명제와 수학적인 명제 (비트겐슈타인은 논리주의를 받아들였다.)는 무의미한 것이지만 배리적인 것은 아니기 때문에 세계의 구조를 보여준다. 논리, 수학적인 명제는 Tautology 아니면 Contraktion이다.

수학적 명제

예) 오늘 비가 오거나 비가 오지 않는다.

논리적인 명제와 수학적인 명제의 확실성을 설명하는 데 있어 비트겐슈타인이 기여함. 경험주의에 투철한 사람들은 경험적인 추상화로 설명함(Mill)

비트겐슈타인 : 세계가 어떠해야 한다는 것을 보여주는 것이지, 어떻다는 것을 보여주는 것이 아니다.

D. 말할 수 없는 것 중에는 말할 수 없지만 보여줄 수 있는 것 (Das Zeigbare)이 있다.

말할 수 없는 것들

Tractatus는 두 부분으로 구성. 하나는 말할 수 있는 것. 다른 하나는 Tractatus의 마지막에서 두 번째 진술.

〈Tractatus는 말할 수 없는 것을 대부분 다루지만, 철학적으로 중요한 것은 말할 수 없는 것이라고 주장한다.〉

Tractatus의 마지막에서 두 번째 진술.

"그런데 중요한 것은 말할 수 없는 것이다."

Wittgenstein에 의하면 '말할 수 없는 것'에는, 언어와 세계와의 관계(Tractatus의 대부분의 진술, 언어철학적인 진술), 논리학, 수학적인 명제가 포함됨.

형이상학에 대하여

E. Das Unaussprechliche는 Das Mystische.

세계가 있다는 것, 삶의 의미에 대한 물음은 의미있게 말할 수 있다는 것이 아니다. 이것들은 세계 밖에 서서 말하는 것. 신이라는 것은 세계 안에서 자기 자신을 드러내지 않는다. 죽음이라는 것은 삶의 사건이 아니다. 죽음은 우리가 경험하는 것이 아니다.

그러나, 말할 수 없는 것이라는 것이 존재한다.

(Es gibt allerdings das Unaussprechliches)

Dies Zeige sich, 그것이 das Mystische.

어떤 사람은 문학의 언어, 혹은 행동, 음악의 언어로 이해함.

F. Schopenhauer 음악의 언어가 최상의 언어, 형이상학은 음악의 언어로 밖에

- 철학은 일견의 명제로 표현되는 것이 아니고, 철학은 문장의 명료화. 철학은 이론이 아니라 행동.

말하여질 수 있는 모든 것, 그것은 명료하게 말하여질 수 있다.

말할 수 없는 것에 대해서는 침묵을 하여야 한다.

••• 현대 철학

논리실증주의의 철학과 그 역사

○ 논리실증주의의 이념

20세기 초 비엔나에서는 수학과 자연과학으로 무장한 소위 '논리실증주의자들'이 통일 과학의 이념을 내걸고 등장했다. 그 통일 과학의 이념이란 지식을 경험에 조회해서 정당화한다는 것이었고 그들은 경험론의 전통에 서서 모든 비분석적인 지식은 경험을 기반으로 하여야 하고 경험에 기초하지 않은 모든 종합적인 언명을 정당한 지식의 영역에서 배제하였다.

○ 논리실증주의의 성격

논리실증주의는 모든 비분석적인 지식은 경험에 토대하고 있다는 근대 경험론의 근본적인 주장을 계승하여 형이상학을 위시한 독단적인 주장들로부터 학문의 지위를 빼앗고 모든 학문을 자연과학, 특히 물리학의 방법론을 따라 하나의 체계로 통합하려는 통일과학의 이념을 가지고 출발하였다. 그들은 자연과학적 (경험적) 지식을 인간의 지식의 패러다임으로 간주하였다. 그것은 과학이 다른 학문, 특히 형이상학과는 달리 주관적인 왜곡으로부터 벗어나 객관적인 진리를 발견하는 굳건한 기반을 가지고 있다는 생각에 기반한 것이었다.

그들은 발견의 맥락과 정당화의 맥락을 엄격히 구분하였다. 그들은 과학의 성공이 과학의 특유한 정당화 방법, 즉 객관적인 경험에 기초한 이론의 검증이라는 특성에서 유래한다고 생각했다.

○ 의미 검증 이론(verification theory of meaning)
논리실증주의의 입장이 극명하게 드러나는 이론
이 이론은 어떤 문장이 의미를 가지고 참 또는 거짓이라고 말해질 수 있는 것은 (1) 분석적 혹은 자기 모순적이거나 (2) (최소한 원리적으로) 경험적 테스트가 가능한 문장이라고 주장한다. (1)은 그 형식에 의해 논리적으로 그 진위가 결정되는 분석적인 문장임에 반해 (2)는 경험적으로 검증될 수 있는 한에서만 유의미하여 그 참 거짓을 논할 수 있다고 주장하는 것이다. 정당한 지식은 그 참이 형식에 의해서 보장되는 논리적(분석적) 언명이거나 관찰을 매개로 하여 사실에 의해 보장되는 경험적 언명이거나 둘 중의 하나이다.

○ 의미 검증 이론의 의미
그들은 의미 검증 이론을 바탕으로 윤리적, 미학적 명제를 포함한 소위 형이상학적 명제들을 무의미하다고, 즉 그 진리값을 논할 수 없다고 단죄하였다. 결국 어떤 (종합적) 명제가 과학적인가 아닌가, 즉 고찰되고 논의될 필요가 있는 유의미한 명제인가 아닌가는 그 명제가 관찰 경험를 통해 검증될 수 있는가의 여부에 달려 있게 된다. 이러한 주장은 "세계에 대한 모든 참인 명제들의 집합이 곧 과학"이라는 비트겐슈타인의 말에서 극명하게 드러난다.

○ 논리실증주의의 철학적 배경

논리 실증주의의 배경에는 화이트헤드와 러셀이 공저한 『수학원리(Principia Mathematica』의 기호 논리학과 전기 비트겐슈타인의 철학이 밑바탕에 깔려있다. 유의미한 명제는 원리적으로 관찰에 의해 확인될 수 있는 원자적 사실을 기술하는 요소 명제이거나 혹은 그 원자 명제의 진리 함수이다. 결국 경험적으로 유의미한 문장의 진리값은 어떤 문장이든지 그 문장이 분석되는 최종치인 원자 명제의 진리 값에 의존하며 그 각각의 원자 명제들은 대상 세계의 한 단위인 '사실(Tatsache)'에 대응하여 그 진리성을 보장받는다. 결국 문장들의 집합인 (과학)이론은 그 형식적인 면에서는 필연적으로 성립하는 논리에 의해, 내용적인 면에서는 역시 객관적으로 확실한 경험에 의해 그 기반이 보장된다.

○ 의미 검증 이론의 문제점

하지만 이러한 논리 실증주의자들의 의미 검증 이론은 많은 문제점을 안고 있었다.

1) 보편양화 문장의 유의미성 문제

그 대표적인 것이 보편양화 문장의 유의미성 문제이다. 헴펠(Hempel)의 정식화를 따르면 논리 실증주의자들의 의미검증 이론의 첫번째 판은 다음과 같이 정식화될 수 있다.

"한 문장은 그것이 분석적이지 않고 어떤 유한한 논리적으로 일관된 관찰 문장의 집합으로부터 논리적으로 도출될 때 그리고 그 때에 한해서만 경험적으로 유의미하다."

이 주장에 의하면 유한한 관찰 문장에 의해 논리적으로 도출되지 않는 보편 양화 문장은 경험적으로 무의미하다. (이러한 문장은 또한 분석 명제도 아니므로 이 문장의 참거짓은 논할 수 없다.) 하지만 과학 이론은 수많은 법칙적 진술들로 구성되어 있으며 이 문장들은 보편양화사를 통해서 기호화된다. 결국 이러한 주장은 과학이 이론 체계의 많은 부분을 구성하는 문장들을 비과학적인 것으로 판정해야 하는 부담을 안게 된다.

2) 그 밖의 문제점

이외에도 이러한 주장에 따르면 경험적으로 유의미한 문장과 임의의 문장의 선언(disjunction)은 그 문장이 어떤 문장이든 관계없이 경험적으로 유의미하게 되고 또한 경험적으로 유의미한 문장의 부정이 경험적으로 무의미하게 되는 (예를 들면 존재 양화 문장의 경우) 등의 받아들이기 힘든 결론을 초래한다. (여기서 의미를 가진다는 것은 참, 거짓을 가진다는 뜻임에 유의하자.)

○ 확증 가능성으로의 대치
1) 확증 가능성이란?

한 명제를 확증한다는 것은 그것의 참거짓을 명확하게 결정하는 것이 아니라 하나 혹은 그 이상의 관찰을 통해서 그 명제가 참 혹은 거짓일 확률을 크게 하거나 작게 하는 것을 말한다. ⇨ 보편문장에 대한 검증 가능성이 없음을 인정하고 그 대신에 연속적인 확률의 증감으로 표시되는 확증도를 중심으로 한 확증 가능성을 검증 가능성의 자리에 대체함으로써 논리실증주의의 주장을 구원하려 한 것이다.

2) 확증가능성의 문제점

자연법칙으로 제안된 가설은 시간과 공간의 제한이 없는 무한한 세계에서는 0의 확증도를 가지며 세계가 유한하더라도 그 세계가 매우 크다면 가설을 확증하는 개별 사례가 아무리 많더라도 그 확증도는 거의 0일 뿐이다. ⇨ 보편 문장의 유의미성의 기준으로서 확증 가능성은 검증 가능성과 마찬가지로 귀납적 방법에 기초한 것이며 결국은 완화된 검증 가능성에 불과하기 때문에 검증 가능성이 가지는 문제를 해결하는데 도움이 되지 않는다.

3) 확증가능성의 다른 문제점(까마귀 패러독스)

어떤 증거 사례들이 해당 가설에 대해 확증의 관계에 있는가 하는 문제. 이것이 일명 '까마귀 패러독스' 이다. 까마귀 패러독스란 $(x)(Px \supset Qx)$의 논리적 형식을 갖는 모든 보편양화문(그리고 많은 자연과학의 법칙은 이런 형태로 기호화되는데)을 Px & Qx 라는 단칭명제가 확증한다는, 증거 사례와 가설간의 확증관계에 대한 Nicod의 제안과 (x)(Px⊃Qx)는 (x)(-Qx⊃-Px)와 논리적으로 동치라는 논리학의 주장으로부터 나오는 기괴한 결론이다. 이런 경우에 '모든 까마귀는 검다' 라는 과학적 가설(혹은 이와 같은 논리적 구조를 가진 모든 가설들)을 '이 분필은 희다' 라는 관찰 사례가 확증한다는 결론이다. 왜냐하면 '이 분필은 희다' 는 '까마귀가 아닌 것은 검지 않다' 는 것을 의미하기 때문이다.

※ 이 외에도 특수 귀결 조건과 역귀결 조건에 대한 문제들은 이 확증의 문제가 논리 실증주의자들의 이론체계 안에서 몹시 해결하기 힘들다는 것을 나타내 준다.

○ 포퍼(Popper)의 반증주의
1) 포퍼의 주장 : 포퍼는 귀납주의적 전통에 서 있는 검증 가능성과 확증 가능성의 문제점을 지적하고 과학과 비과학을 구별할 수 있는 새로운 구획 기준으로 반증 가능성을 제시하였다. 포퍼 이전까지의 상식은, 과학은 귀납적인 특징을 가지고 있으며 따라서 귀납법이 과학을 과학 아닌 것과 구별시키는 구획 기준이라는 것이었다. 이에 대해 포퍼는 흄의 전통을 따라 타당한 귀납 추리란 존재하지 않는다고 주장하고 더 나아가 귀납 추리가 과학의 구획 기준의 문제와 아무런 필요가 없다고 주장하였다.

2) 반증 가능성과 박진성

하나의 관찰 사례는 보편 문장을 결정적으로 검증하거나 확증할 수는 없지만 후건 부정에 의하여 결정적으로 반증할 수는 있다. 이렇듯 각각의 관찰 사례는 잠재적인 반증자이고 그러한 관찰을 통한 실험을 통과하지 못한 과학 법칙은 곧바로 폐기된다. 실험을 견딘 법칙은 아직 반증되지 않은 가설로서 남는다. 이렇게 볼 때 우리는 과학 이론을 통해 계속되는 비판과 문제의 해결을 거쳐 진리를 향해 무한히 매진할 뿐이다. 이것이 박진성(verisimilitude)인데 반증 가능성 개념과 밀접하게 연관되어 있다. 포퍼에 의하면 진리는 직접 드러나지는 않지만 과학의 관행을 지도하는 규제적 이념(regulative ideal)이다.

••• 현대 철학

콰인의 철학 요약

○ 콰인 이전
- 형이상학의 난세 : 1900년 경 철학은 칸트 이후에 새로 부활한 형이상학의 서로 다른 주장들을 제시 ⇨ 서로 다른 형이상학적 주장들의 옳고 그름을 판정하기가 불가능하다는 사실은 철학적 진보에 심각한 방해가 되었다.
- 이에 대한 반작용 : 현대 철학의 언어적 전회
 프레게, 러셀, 비트겐슈타인 등의 거장들, 과학철학으로서 철학을 새로이 자리매김한 논리실증주의자들의 입장이 득세
- 논리실증주의 : 위대한 철학들이 "사물의 물리적 성질을 연구하지 않고 우리가 사물에 관하여 말하는 방식만을 탐구하였다"라고 주장 ⇨ 언어분석을 철학의 고유한 과제로 선택
- 논리실증주의자의 입장 : 형이상학적 문제가 일상 언어에 대한 혼동으로 인하여 생겨났다고 진단하고 유의미한 문장들은 동어반복적인 논리학, 수학의 문장들이거나 혹은 감각경험적으로 확인할 수 있는 문장들이며 그 외의 모든 문장들은 무의미한 헛소리이다.
⇨ 일종의 객관주의 혹은 실재주의

- 콰인 : 논리실증주의를 논리적으로 비판. – 언어적인 상대주의의 입장에서 그러한 상대주의의 논리적인 근거를 제시

O 콰인 철학의 두 단계 구분
- 첫번째 단계 : "경험론의 두 독단"(Two Dogmas of Empiricism(1950))의 논변을 중심으로 분석적 명제와 종합적 명제의 구분을 비판하고 전체주의적 경험주의에 가까운 입장을 제시한 단계
- 두번째 단계 : 『말과 사물』(Word and Object(1960))에서 원초적 번역의 불확정성을 제시함으로써 원초적 번역의 불확정성을 궁극적으로 존재론적 상대론으로 연결시키는 입장을 제시한 단계
⇨ 1969년에 "존재론적 상대주의"(Ontological Relativism(1969))를 제시

1) 경험론의 두 독단
- 내용 : 분석명제와 종합명제 간의 분명한 구별이 가능하다는 것과 환원주의에 대한 비판
- 콰인은 오랫동안 논리·사실 구분이 언어를 고찰함으로써 구분될 수 있다는 생각에 반대해 왔으며, 존재하는 것에 대한 과학적 물음과 존재론적 물음을 구분하는 카르납의 방법에도 크게 반대해 온 인물로 잘 알려져 있다. ⇨ 콰인의 반대는 종합명

제와 분석명제의 구분을 비판함으로써 시작.
- 종합명제와 분석명제의 구분 :
  라이프니츠 이후에 현대철학의 가장 기본적인 전제 중의 하나.
◇ 분석명제 : 논리학이나 수학의 명제처럼 항상 참이거나 항상 거짓인 명제들.
  칸트는 분석명제란 주어의 개념 속에 이미 술어의 개념이 포함되어 있는 명제라고 한다. 그러므로 주어의 낱말의 뜻만 알면 이미 그 명제가 주장하는 내용도 이미 알고 있다. 분석 명제가 나에게 제시되었다고 해서 내가 세계에 대해 알고 있는 지식이 확장되지 않는다.
예) "총각은 미혼의 남성이다"와 같은 문장.
  ◇ 종합명제 : 주어의 개념 속에 술어의 개념이 포함되지 않는 명제.
예) "파깨비는 총각이다"라는 문장.
  이것이 참 명제나 거짓 명제가 되면 파깨비에 대해서 알고 있는 지식이 그만큼 늘어난다.
  칸트는 이것을 확장판단(Erweiterungsurteil), 라이프니츠는 사실의 진리, 흄은 사실의 문제(matters of fact)라고 한다.
- 기존 입장 :
  분석명제는 세계와 아무 상관없이 참, 거짓을 결정할 수 있는 명제이다. 논리의 요청만 충족시키면 참, 거짓이 결정된다. 그러나 종합명제는 세계와의 관련 속에서 비로소 참, 거짓이 결정된다. 경험적인 방법에 의해 확인해야 한다. 종합명제의 참, 거짓은 있는 그대로의 세계, 즉 실재와 비교해 봐야 결정이 된다고 지금까지 생각되어 왔다.

- 콰인의 비판 : 분석명제와 종합명제의 구분을 위해서는 우리가 순환론적인 오류를 저지르게 된다. 최초의 체계적인 반론.

많은 사람들이, 특히 논리실증주의자들이, 이 구분은 아주 절대적인 것으로 생각해 왔다. 콰인에 따르면 우선 분석 명제라고 할 때 우리는 어떤 경우를 말하는지 생각해 보자.

1) 총각은 총각이다.
2) 총각은 미혼의 남성이다.

1)에서 2)로 넘어오면서 우리는 '총각'을 '미혼의 남성'으로 대치하였다. 즉 동의어(synonymity)를 대치하였다. 그 다음 단계로 '총각'과 '미혼의 남성'이 동의어의 관계에 있다는 것을 어떻게 알았는가? 배웠든지 또는 사전 등에서 알았을 것이다. 그러나 배운 대로의 말의 뜻이나 사전에 있는 동의어들은 그것들의 동의성의 개념이 이미 전제되어 있다. 그런데 우리가 원하는 것은 '총각'과 '미혼의 남성'을 동의어로 볼 수 있는 근거가 무엇인가를 밝히고자 하는 것이다. 그러면 같은 의미를 가졌다는 근거는 무엇인가?

그것은 교환가능성(interchangeability)이다. 교환가능성이란 두 용어가 모든 문맥 안에서 진리값의 변경없이 서로 교체될 수 있다는 것을 의미하는데, 예를 들어 '총각' 대신에 '미혼의 남성'을 바꿔 넣었을 때 그 문장의 진리치에 변화가 생기지 않는다. 그것은 지시하는 대상이 전적으로 똑같기 때문이다. 따라서 진리값의 변경없는 상호대치 가능성의 조건을 충족하면 두 언어적인 표현 사이에는 동의성의 관계가 성립한다고 할 수 있다. 그런데 이런 조건이 충족되지 않는 경우가 있다.

3〉 모든 총각들이 그리고 오직 총각들만이 총각들이다.
4〉 모든 총각들이 그리고 오직 총각들만이 미혼 남자들이다.

3〉과 4〉는 참인 명제이다. 그런데,

3-a〉 필연적으로 모든 총각들이 그리고 오직 총각들만이 총각들이다.
4-a〉 필연적으로 모든 총각들이 그리고 오직 총각들만이 미혼 남자들이다.

3〉은 '필연적으로'를 대입해도 진리치의 변동이 없지만 4〉는 '필연적으로'를 대입했을 때는 참이 아니다. 즉 진리치가 보존되지 않는 것이다. 이렇게 3〉,4〉의 상호간에는 진리치를 보존

하는 교환가능성이 적용되지 않는다. 그 이유에 대해서 말하자면 3)은 분석적인 명제이고 4)는 분석적인 명제가 아니기 때문이라고 대답할 수밖에 없다. 분석적인 명제가 아니면 '필연적으로'라는 필연성의 개념을 대입하면 그 진리치가 보존되지 않는다고 말이다. 이것이 의미하는 바는 필연성을 설명하기 위하여 다시 분석성이 요구된다는 것이다. 그래서 순환적이게 된다.

이상의 논의 결과를 고려해 보면, 분석명제와 종합명제를 정확히 구별할 방법이 없음을 알 수 있다. 분석명제와 종합명제의 구분이 된다면 분석명제는 감각적 경험에 의존하지 않는 명제이고 분석적이 아닌 명제가 종합적인 명제가 되겠지만, 이 구분이 되지 않는다면 분석적인 명제가 감각적인 경험에 의존하지 않는 명제라고 주장을 할 근거가 없어진다.

콰인에 따르면 환원주의에 대한 경험론의 독단은 바로 이와 같은 분석명제와 종합명제의 구분에 근거해 있다. 즉 분석명제와 종합명제를 구분할 수 있다고 했을 때, 전제되는 것은 한 명제의 참, 거짓을 그 명제만 떼어놓고 어떤 방법으로든지 검증할 수 있다는 것이다. 하지만 실제로 그렇지는 않은 것 같다. 다음의 문장을 고려해 보자.

예) 파깨비는 총각이다.

위 문장을 이해하기 위해서는 알고 있어야 하는 지식이 많다.

파깨비가 어떤 사람의 별명이고 남자라는 것, 총각도 역시 사람이고 남자이며 결혼이라는 제도에 대한 사실들도 알아야 한다. 따라서 이 명제의 참, 거짓을 결정하는 것은 상당히 광범위한 지식체계를 동시에 가지고 있어야 가능하다. 즉 이 명제가 참, 거짓임을 확인하기 위해서 알아야하는 지식들이 굉장히 많으며 다른 이론적 틀과 연관되어 있음을 알 수 있다.

이에 따라서 현대 경험론에서 전제하고 있는, 명제를 하나나 떼어서 경험적 사실과 1대1로 맞대어서 참, 거짓을 결정하는 환원주의(reductionism)가 잘못된 생각이라고 콰인은 주장한다. 그런데 경험주의는 우리가 버릴 수 없으므로, 개별적인 명제의 경험주의가 아닌 지시체계 전체의 경험주의를 받아들여야 한다. 19C의 프랑스 과학철학자인 Duhem의 전체주의도 이와 비슷한 주장이다. 우리가 과학에서 실험을 하는 것은 독립된 주장을 하는 것이 아니라 일련의 전제의 집합 전체의 실험을 하는 것이다. 예를 들어,

"This is white"

라는 문장을 이해할 수 있기 위해서도 이 명제만 따로 떼어 1대1로 사실과 대응시키는 것에 그치지 않는다. 이것을 검증하기 위해서는 "this"가 지시대명사, "white"는 색을 나타내며 사물의 질을 나타낸다는 식의, 이 명제가 의미있는 것이 되기 위해

내가 가지고 들어가는 세계에 대한 다수의 전제들이 동원되어야 한다. 이러한 입장을 더 확장시킨 것이 원초적 변역의 불확정성이며, 한 걸음 더욱 나간 것이 콰인의 존재론적 상대성이라고 할 수 있다.

2) 원초적 번역의 불확정성

"Two Dogmas of Empiricism"에서 취한 전체론적 경험주의와 분석명제와 종합명제에 관한 논의가 하나의 포괄적인 철학적 입장으로 주장되는 것이 원초적 번역의 불확정성 논제라고 할 수 있다.

논의의 시작은 아주 원초적인 번역(radical translation)의 상황에서 시작된다. 언어학자가 어느 부족의 언어를 영어로 번역하려고 한다. 그러나 그 언어는 전혀 접해본 적이 없는 생소한 언어다. 언어학자는 그 사람들의 언어에 대해 아는 것이 하나도 없다. 이 경우 그 언어학자가 의존할 수 있는 것이 무엇인가? 무엇을 토대로 번역을 시작할 수 있는가? 콰인에 따르면 유일한 대답은 그 부족의 행태(stimulus-response)를 관찰할 수밖에 없다는 것이다. 이러한 콰인의 입장은 일종의 행태주의로도 이해할 수 있을 것이다. 어쨌든 그는 이 전제에서 출발한다. 이렇게 되면 그 원초적인 번역은 원칙적으로 불확정적이다. 이것이 곧 원초적 번역이 불가능하다는 것을 의미하지는 않는다. 관찰하는 부족의 행태와는 일치하면서도 그들이 쓰는 언어적인 표현은 여러 가지 다른 방법으로 번역할 수 있다.

이런 문제는 원칙적으로는 영어를 한국말로 옮길 때 등에 적용되는데, 더 극단적으로는 같은 한국말을 쓰는 경우에도 같은 한국인의 말을 이해하는 데에 이 불확정성이 적용될 수 있다. 심지어는 나 자신의 말 중, 일년 전에 썼던 글을 다시 이해하려고 할 때도 적용될 수 있다.

토끼가 지나간다. 내가 관찰하고 있는 낯선 원주민이 "가바가이!"라고 소리친다. 이 때 가능한 번역은 다음과 같다.

1〉 There goes a rabbit!

2〉 There goes an undetached part of rabbit!

3〉 there goes a rabbithood!

기타 등등.

그 사람의 행태(behavior)만 가지고 그 행태와 전적으로 일치할 수 있는 번역은 여러 가지로 가능하다.

여기서 이 정도의 번역이라도 가능하기 위해서는 전제되고 있는 것이 상당히 많다. 우선 "가바가이!"가 일종의 감탄문임이 전제되어 있다. 관찰하고 있는 대상에 대한 진술들이 대상을 객체화, 개별화(individuation)하는 방법에 있어 우리의 그것과 같다고 전제되어 있다. 내가 세계에 대해 이미 전제하고 있는 작업가설(working hypothesis)이 여러가지이다. 이 때 작업가설이란 실질적인 가설이나 분석적 가설(analytic hypothesis)이며 곧 번역하는 과정에서 내가 번역을 하기 위해 전제하고 있는 틀을 의미한다.

그런데 콰인에 따르면 이런 전제는 그야말로 전제에 불과하다. 원주민의 개별화는, 생명체가 개별화의 단위가 아니라 생명체의 기능적인 부위들—눈, 손, 톱 등—을 기본으로 하는지도 모른다. 그들의 개별화의 방법이 우리의 개별화의 방법과 같다는 전제가 되어있을 뿐이다. 이러한 분석적 가설(analytic hypothesis)이 상당히 많다. 번역을 하는 데 내가 세계를 보는 방식과 그가 세계를 보는 방식이 똑같다는 전제를 하지 않고서는 번역이 불가능해진다. 즉 번역을 하기 위해서는 공통적인 배경언어(background language)가 전제되어야 한다. 이것은 내가 번역을 할 때 배경언어의 틀을 이루고 있는 개념적인 틀을 가지고 들어간다는 뜻이다.

자극과 반응만 가지고서 이루어지는 행태주의적 번역에서는 동일한 원초적 번역에서 수없이 많은 서로 다른 번역이 가능해진다. 그 수없이 많은 번역 중에서 어떤 것을 내가 옳은 번역이라고 가정하는 것은 그들의 배경언어와 내가 말을 할 때 똑같은 배경언어를 전제로 할 때에만 가능해진다. 개별화의 원칙을 위시로 해서 여러 개념적인 원칙들이 그런 배경언어이다.

○ 존재론적 상대성

여기서 더 나가면, 세계를 안다는 것은 그런 배경언어의 틀 속에서 아는 것이다. 의사소통을 할 때, 세계를 볼 때 배경언어가 공통적으로 가지고 들어간다는 사실이 주어져 있으므로 가능하다. 콰인에 의하면 따라서 배경언어를 받아들일 수밖에 없다. 그것이 없으면 언어행위도 불가능하고 세계체험도 불가능해진다. 모든 세계는 우리 언어가 만들어 놓은 세계이며 우리 언어에 의해 개별화된 세계이다. 예를 들어 희랍의 신화체계가 있다. 그것은 사람과 사람 사이의 상호작용 때문에 승부가 판가름나는 것이 아니라 신에 의해 판가름난다. 이것도 일종의 자연현상에 대한 설명방식이다. 이런 자연현상에 대한 설명방식과 현대물리학의 자연현상에 대한 설명방식은 다를 게 없다. 둘 다 문화적인 구상물(cultural posits)이다. 우리가 믿는 것도 일종의 신화이다. 그러나 호머(Homer)의 신화보다는 나은 신화이다. 우리의 체험의 흐름을 정리하는 데 더 효과적인 틀을 제공해주기 때문이다. (efficacious) 그래서 콰인은 신화나 가치명제와 과학적 명제 사이에는 절대적 구분이 있다고 생각하는 사람에 반대한다. 연속체의 지속체(continuum)의 다른 형태일 뿐이다. 신화나 과학적 명제사이에는 근본적인 차이가 없다.

배경언어를 선택하는데 무의식적으로, 부분적으로 의식적으로 작용하는 원칙들은 무엇인가? 별 것 아니다. 실용주의적인 고려가 작용한다.

1. 보수주의적인 원칙

    가급적이면 이미 가지고 있는 개념적인 틀에 적은 변화를 가져오는 배경언어.

2. 단순성의 추구
배경언어가 단순하면 단순할수록 좋다.

○ 콰인 비판

콰인은 언어의 역할을 너무 과대평가한 것이 아닌가? 오히려 정반대가 아닐까? 언어는 자연환경에 대처해나가기 위한 여러 가지 도구 중의 하나이다. 우리 언어가 진리개념, 허위개념을 가지고 있는 것도 이 세계에 대처해 나가기 위해서이다. 언어가 중요하기는 하지만 사유에도 앞서고 실재에도 앞선다고 본다면 이런 풀 수 없는 모순에 빠지게 된다.

콰인에 의해 위 구분이 없어진다면, 그 참, 거짓이 객관적인 세계와의 관계 속에서 결정된다고 확실히 말할 수 있는 부분들이 없어진다. 그러면 분석 명제야 논리적인 방법으로 참, 거짓을 결정한다지만, 종합명제의 참, 거짓은 어떻게 결정하는가?

콰인이 분석명제와 종합명제의 구분에 대해서 제기하는 반론은 이런 구분이 존재하지 않는다는 분명한 논지가 아니고, 이 구분을 하기가 생각보다 상당히 어렵다는 정도라고 이해해야 할 것 같다.

··· 현대 철학

퍼트남 철학의 이해

○ 퍼트남 철학의 주요 문제

"어떻게 지시가 가능한가?" (지시의 근거)

"무슨 근거에서 지시가 가능한가?"="지시가 가능하기 위해서는 무슨 전제 조건들이 만족되어야만 하는가?"

⇨ 지시문제에 대한 새로운 접근 방식으로서 퍼트남은 '내재적 실재론'을 주장하며 이를 '형이상학적 실재론'과 대비시킨다.

○ 형이상학적 실재론 거부 이유 : 실제로는 다양한 인간들의 관점만 존재한다. 하지만 형이상학적 실재론은 신적인 관점을 전제한다.

〈형이상학적 실재론과 내재적 실재론의 입장 차이〉

구 분	형이상학적 실재론	내재적 실재론(퍼트남)
세 계	세계는 정신독립적인 대상들의 어떤 고정된 총체이다.	세계 혹은 대상이 우리의 개념적 틀과 관련되어 존재한다.
진 리	단어 혹은 표상이 정신독립적인 사물과 대응한다.	진리의 일종의 이상화된 합리적 수용가능성(idealized rational acceptability) 혹은 이상적 정합성 (ideal coherence)

내재적 지시이론 : 내재적 실재론의 바탕 위에서 발전하였다.
⇨ 핵심 : 우리는 우리의 개념적 틀을 통해서 외부의 대상과 상호작용하고 정신독립적인 '대상-자체'를 지시하는 것이 아니라 정신의존적인 '우리의-대상'을 지시하기 때문에 지시가 가능하다. 즉, 대상들이 정신독립적으로 지시하는 것이 아니라 우리의 개념화 작용에 의해서 대상 자체로부터 주어진 경험적 유입물들로부터 형성되는 것이기 때문에 우리는 그 대상을 본래적으로 지시할 수 있다.

즉, 지시의 가능조건 1)물자체로부터의 경험적 유입물, 2)우리의 개념화 행위.

○ 지시의 전제조건 탐구-언어적 분석이 아닌 선험적(a priori) 추론을 사용

: "기호들은 어떻게 이 기호들이 도입되었으며 누구에 의해 사용되었는가에 상관없이 본유적으로 대상들을 지시하는 것이 아니다. 기호는 어떤 특정한 공동체의 사용자들에 의해 어떤 특정한 방식으로 실제로 사용되었을 때 그 사용자들의 개념적 틀 내에서 특정한 대상들을 지시할 수 있다."

"비록 방대하고 복잡한 표상체계일지라도 그것이 음성적이든 시각적이든 어떻게 표상체계가 야기되었으며 화자나 사유자의 개념적 틀이 무엇인가에 독립하여 그것이 표상하고 있는 대상과 본유적이고 붙박이적인 마술적인 연결을 가지고 있지 않다."

지시가 가능하기 위한 전제조건들

1) 기호나 표상들이 특정한 방식에 의해 도입될 것.

2) 특정한 사람들에 의해 사용되거나 개념화될 것.

: 칸트의 선험적 지식이론과 동전의 양면 관계.

퍼트남의 지식이론과 지시 이론 정리

지식 이론	경험적 유입물 + 우리의 개념화 작용 = 지식
지시 이론	경험적 유입물 + 개념적 틀에 따른 개념화 작용 = 지시

1) 인과 관계 : 만일 사람들이 어떤 대상에 대해서 직접,간접적 인과관계를 가질 수 없다면 사물들을 지시할 수 없다.

2) 개념적 틀 : '대상들'은 개념적 틀과 독립적으로 존재하지 않는다. 우리는 하나 혹은 다른 기술의 틀을 도입할 때 세계를 대상으로 쪼갠다. 대상들과 기호들이 동시에 기술의 틀에 내재적이므로 무엇과 무엇이 조응되는지를 말하는 것이 가능하다.

⇨ 문제 : 두 전제조건들을 동시에 만족하지 않으면 지시가 진정으로 불가능한가?

⇨ 마술적 이론을 비판 : 1) 순수 의도 이론, 2) 닮음 이론, 3) 인과적 고리 이론

⟨1⟩ 순수 의도 지시 이론 비판

- 핵심 근거 : 지향성과 같은 정신의 신비한 힘을 단순히 설정하는 것은 어떤 문젯거리도 실질적으로 푸는 것이 아니라고 주장.

○ 의도들을 순수 의도와 비순수 의도로 구분 ⇨ 후설의 괄호화 장치 이용
  - 순수 의도 : 후설의 괄호화된 의미의 의도 - 순수한 정신 상태 속에 존재
  - 비순수 의도 : 정신 속과 함께 정신과 육체 밖에 무엇이 있는가 와도 관계 됨.
○ 퍼트남의 반박
  - 순수 의도 - 경험적 유입물이 결여 : 표상이 외부적 대상을 지시하도록 야기할 능력이 없다.
   〉이유 : 왜냐하면 그 사고기호들이 의미론적 개념부여를 달리함에 따라 의미가 달라지거나 임의적인 의미론적 해석만을 갖는 단순한 사고의 내적인 구문론적 표현에 불과하므로.
  예) 만일 순수 정신 상태에 있는 어떤 사람이 '매트 위의 고양이'를 생각할 경우 그 어구는 모든 의미론적 재해석에 의해 의미가 변하는 구문 'A*B'를 나타낼 뿐이다. ⇨ 실제 세계의 지시 대상들을 고정시킬 수 없음.
  - 비순수 의도 - 경험적 유입물이 개입되어 있는 상태 : 비록 이 전제가 옳지만 비순수 의도로 지시를 설명하는 것은 순환적인 설명에 불과.
⇨ 어떻게 비순수의도가 가능한가?

〈2〉 닮음 지시 이론과 인과적 고리 지시 이론 비판

○ 퍼트남의 입장 : 닮음이나 인과 고리 자체가 지시에서 어떤 역할을 결코 할 수 없다는 것이 아니라 닮음도 인과적 고리도 지시의 유일한, 혹은 기본적 기능이 될 수 없다는 것. 닮음이나 인과고리의 기능만으로는 지시의 전과정을 설명하기에 불충분하다.
⇨ 닮음이나 인과적 고리가 내적 관점이나 외적 관점에서 조망될 때에만 자격을 갖춘 지시의 역할을 수행하는 것으로 간주.

그러나 만일 닮음이나 인과적 고리의 기능이 형이상학적 실재론의 외적 관점에서 해석되어 정신 독립적인 본유성을 받아들이는 외재적 이론이 된다면 ⇨

1) 닮음만으로 지시가 성립될 수 없는 이유
  - 모든 것은 다른 모든 것과 무수히 많은 점에서 닮았다. : 어떤 종류의 닮음이 문제시되는지를 밝히지 않은 닮음 주장은 공허하다.
  ⇨ 만약 닮은 점을 명시한다면 : 왜 그 닮음이 문제시되는가?(새 질문의 파생)
  ⇨ 어떻게 우리가 닮은 점을 선택하는가에 대해 설명이 필요해진다. (결국 내재적 실재론이나 형이상학적 실재론을 택해야 한다.)

2) 인과고리 이론 비판
  모든 것은 모든 것과 무수히 많은 점에서 인과적으로 연결되어 있다. 특정한 인과고리를 선택한다면 왜 그 인과고리를 선택하는가 문제시된다. (역시 내재적 실재론이나 형이상학적 실재론을 선택해야 한다.)

○ 퍼트남의 형이상학적 실재본 비판 : 마술적이라고 비판
 - 형이상학적 실재론자의 입장 : 우리가 주의만 기울인다면 우리의 정신은 어떤 닮은 점이 혹은 어떤 인과고리가 적절한 것인지를 본유적으로 파악할 수 있다.
 - 퍼트남의 비판 요지 : 만일 우리가 속성의 예들과 상호작용하는 것이 아니라 속성 그 자체와 상호작용한다면, 우리가 잘못된 인과고리를 적절한 인과고리로 선택하는 경우는 발생하지 않을 것이다. 하지만 이것은 사실이 아니다.

○ 퍼트남의 진리론
 "내재적 견해에서의 '참'은 정신 독립적인 혹은 논의 독립적인 '사태'와의 대응이 아니라 (이상화된) 합리적 수용가능성-우리의 믿음들 사이의 그리고 우리의 믿음 체계 속에 표상된 경험과 우리의 믿음들 간의 어떤 종류의 이상적 적합성이다."
 - 진리 대응설 부정이유 : 물 자체에 우리가 접근할 수 없으므로 우리가 그 대응들 중 적절한 대응을 골라 고정시킬 수 없기 때문에.
 - 우리의 경험은 정신 독립적인 대상 자체들에 대한 경험이 아니라 우리의 개념적 틀에 따라 우리의 개념화 작용에 의해 만들어진 정신의존적인 대상들의 경험이다.

↪ 개념과 대상 양자가 모두 우리에게 내재적이다. ↪ 관계 : 정합적 부정합적
- 진리(참) : '단순한' 정합성 혹은 합리적 수용가능성과 동일시 될 수 없다.
  〉이유 : 정당화는 바뀔 수 있는 진술의 속성 ↔ 진리는 불멸의 진술의 속성
    즉, 진리 = '이상적인' 정합성 혹은 '이상화된' 합리적 수용가능성
  하지만 우리는 인식적으로 이상적 상태에 진정으로 도달할 수 없다.

○ 퍼트남의 의미 이론
 1) 의미가 어떤 심리 상태 속의 개념 또는 정신적 존재자라는 입장 비판
 2) 의미가 외연을 결정한다는 입장 옹호
   - 근거 : 언어적 노동의 분업, 환경의 기여가 두 주요 요소.
 1) 언어적 노동의 분업 – 무시하는 것은 인지의 사회적 차원을 무시하는 것.
 2) 환경의 기여 – 무시 : 단어들의 색인성(indexicality) 무시
   의미를 정의하는 것 – 어떤 한 대상을 선택함으로써가 아니라 의미의 기술에 대한 표준형식(normal form)을 명시함으로써 수행된다.

- 의미의 표준형식 기술 – 유한의 일련체(sequence) 혹은 벡터
⇨ 4요소(구문적 표지, 의미적 표지, 전형적 면모, 외연)

예) '물'의 의미

구문적 표지	의미적 표지	전형적 면모	외 연
물질 명사 구체 명사	자 연 종 액 체	무색 투명 맛이 없음 갈증 해소	H_2O

○ 퍼트남 의미 이론의 근거
  - 용어의 외연 : 개별적 화자가 머리 속 개념에 의해 고정되지 않는다. 언어적 노동의 분업에 의해 사회적으로 결정되고 또 외연이 부분적으로는 색인적으로 결정되기 때문(세계의 기여) 즉 용어의 외연은 개별적인 사물들의 실제적 본성에 의존하는데 그 실제적 본성을 화자는 모른다.

⇨ 방책

1) 의미 = 머리 속의 개념 ⇨ 의미가 외연 결정함을 포기해야 한다.

2) 의미 = 속성들의 순서 일련체 ⇨ 순서 일련체를 구성하는 요소들 중의 하나가 외연이다.

  - 외연은 다르지만 개념이 같을 경우 ⇨ 개념적 동일성–언어적 능력의 동일성

••• 현대 철학

로티의 철학 소개

로티 철학의 의미

실용주의를 하이데거와 가다머의 해석학으로 재정립. 방법의 절대성을 거부하는 해석학과 실용주의 간에는 상호보완의 관계가 있다.

실용주의의 귀결

1) 선험 철학과 논리 실증주의를 넘어서 인식 문제를 살펴야 한다.
   - "방법"을 거부, 라이헨바하 류의 과학 철학과 후설의 현상학적 방법을 폐기.

   미국의 분석철학적 사고에서의 탈피 주장.

2) 제임즈의 진리론처럼 실재에 상응하는 인식은 없고, 듀이에서처럼 실재에 일치한다는 과학관은 인정하지 않았다.

   지식 사회학의 관점에서 인식의 존재 관련성 수용.

3) 니체, 하이데거, 가다머, 푸코 – 체계, 방법, 과학이라는 낱말을 버리고, 사회-문화적 맥락 안에서 철학의 개념을 고려했다는 입장을 찬양.

4) 실용주의를 역사주의와 연결 – 비역사적 기준에 의해 인간의 삶과 문화의 기반을 세우려는 시도를 불신.

5) 해석학에서처럼 대화를 통해 삶의 문제를 해결하는 태도 강조
  - 인식은 공동체 안에서 정당화된다.

실용주의 정신으로의 복귀 제안

듀이의 민주주의론이 안고 있는 한계에도 불구하고, 그의 실용주의 정신으로의 복귀 제안. 공동체 개념에서 현대 정치에서의 도덕적 회복 강조.

1) 칸트의 초역사적이며 초문화적 자아를 역사적으로 형성된 "공동체"로 대치해야만, "우리"가 중심이 되는 민주주의의 이념이 구체화된다.
2) 초역사적, 도덕적 진리에 입각한 계몽사상이 더 이상 현대의 위기를 이겨나갈 수 있는 대안이 될 수 없다.
3) 진리는 현실에 일치하고, 공동체 생활의 실천을 통해 발견된다.
4) 실용주의의 탐구에서는 "대화"의 제재만이 가능.

철학과 자연의 거울

1) 듀이처럼 대상의 정확한 표상으로서의 인식론 폐기
   데카르트와 칸트의 정초조의에 대한 도전
   하이데거와 비트겐슈타인과 함께 반본질주의 주장
2) 합리성과 객관성을 정확한 표상에 준거해서 설명하려는 기도는 자기 기만이다. - 이상적 사회에서의 문화는 객관적 인식의

이념에 의해 지배되지 않는다.
3) 대화만이 인간의 존재를 깨닫게 하는 궁극적 지표.
   의식의 확실성은 인간과 대상 간의 상호관계가 아니라 인간과 인간 사이에 진행되는 대화의 문제.
   인식의 정당화는 관념과 대상 간의 관계에 있지 않다.
4) 인식론과 해석학을 구분.
   해석학에서 대화에 의한 탐구 대상의 인식 가능 조건을 찾는다.
   가. 실용주의적 입장에서 하이데거와 가다머의 해석학 수용.
       비역사적 기준에다 우리 인식과 삶을 정초하는 주장에 반감.
   나. 듀이의 "위대한 공동체"의 연대성 강구 – 대화를 도모, 경험의 논리와 사회적 실천의 방향 모색, 철학자의 도덕적 관심은 이 대화를 지속시키는 데 있다.
       공동체에서의 대화 – 상호 이해를 통한 문화적 지평
       인식과 진리는 대등한 상황에서 참여자들 간의 대화의 결과로 얻어지는 것.
   다. 인식론과 해석학을 대조하여 인식론을 거부. 인식을 가능케 하는 공통 근거가 존재하지 않는다.
5) 쿤(T. Kuhn)을 따라 통약성 문제 논의
   과학자 집단들 사이에는 통약성이 존재하지 않는다.
6) 해석학적 인식은 확고한 정초 위에 세워진 것이 아니라 공통점을 함께 나누지 않는 낯선 삶들과 대화에 임하면서 〈episteme〉

보다는 〈phronesis〉를 획득하는 것.

　가. phronesis를 얻을 수 있는 곳은 대화의 공동체

　나. 대화에 의한 정당화는 인식론 전통처럼 환원적이거나 원자론적이 아니라 전체적이다.

　다. 확실성(명증성)의 추구나 자연의 정확한 반영보다는 대화, 사회적 실천으로서의 인식의 문제.

　라. 우리의 대상 인식은, 대상이 놓여 있는 맥락과 관계.

　전체와 부분의 관계 - 해석학적 순환

7) 선이해 구조의 계기 수용

　가. 정신 과학은 경험의 총체성을 필요

　나. 가다머처럼 세계 경험이나 대상 경험에서 우리의 역사와 전통의 지평 고려.

　다. phronesis는 궁극적 진리와 절대 기준에 호소하지 않는다 - 쿤의 정상 과학.

현대 미국 철학

1) 철학이 독립적 전공 분야이기를 중지

체계와 방법이 없다. 탈분석, 탈형이상학적 흐름 속에서 철학은 실재를 비추는 거울이 아니고, 세계 경험의 한 양식일 뿐이다. 과학을 가리키는 science도 아니고, 체계적 지식을 가리키는 Wissenschaft도 아니다.

2) 대화를 "비정상적 담론"으로 본다.
   비정상적 담론은 반드시 합의에 이르도록 하는 강요가 없으며,
   다양한 진술이 가능 – 대화의 합리성.
3) 대화를 철학에 대치 – 철학이 우리에게 무엇을 해줄 수 있다는
   환상에서 깨어남

파깨비의
철학노트

지 은 이 :	파 깨 비
발 행 인 :	문 상 필
발 행 처 :	도서출판 상아기획
편집디자인 :	김 권 기
초 판 발 행 :	2005년 5월 23일
출판등록번호 :	제13-777호
주 소 :	서울 영등포구 문래동 1가 39번지
	센터플러스 715호
대 표 전 화 :	[02]2164-2700
팩 스 :	[02]2164-2999

www.tkdsanga.com

ISBN 89-91237-06-1   03160

ⓒ파깨비 2005

＊지은이와 협의하여 인지는 생략합니다.
＊잘못 만들어진 책은 구입처나 본사에서 교환해
  드립니다.

책값 12,000원